JN277491

秘書検定 新クリアテスト

SECRETARY 2級

CLEAR TEST

早稲田教育出版

■ まえがき ■

秘書技能検定試験は，スタートしてからの志願者数が800万人を超えています。大学，短大，ビジネス系専門学校の学生や，高校生からオフィスで働く人々まで，幅広い支持を得ている検定です。それはこの検定が問うているオフィスの基本的職業能力（感じのよい態度・振る舞い，言葉遣い，話し方など）がいつの時代も求められているものだからでしょう。

この問題集は，その秘書検定合格を目指す人のための受験対策用問題集です。秘書技能検定試験の領域である理論編（「必要とされる資質」「職務知識」「一般知識」）と実技編（「マナー・接遇」「技能」）の5領域別に，過去の出題傾向を踏まえた模擬問題で構成しています。

また巻末に本試験と同形式の模擬試験と，実際に出題された過去問題も掲載しています。模擬問題・模擬試験・本試験のいずれにも解説がありますから，解説を熟読してください。理解することで学習レベルはさらに高まります。

読者の皆さんが，この本で勉強されることにより

①領域別の模擬問題を多く解くことでその領域の理解がさらに深まる
②模擬試験，本試験を解くことで実力がさらに培われる

そして，

③短期間でも問題を解くことにより，知らず知らずに実力がアップし，見事に合格ラインをクリアする

ということを目標にこの本を作りました。

本書を有効活用して，多くの方が秘書検定に合格されることを願っています。

公益財団法人 実務技能検定協会　秘書検定部

■ 本書の利用の仕方 ■

■ 本文
理論編「必要とされる資質」「職務知識」「一般知識」と実技編「マナー・接遇」「技能」に分かれた模擬問題で構成されています。各領域問題にじっくりと取り組むことで，理解が深まり〈合格する力〉が身に付きます。また設問の解答，詳しい解説は右ページに掲載してありますから，効率よく効果的に答えを確認することができ，テンポよく学習を進めることもできます。
なお，各問いの『解答番号』は，印刷の濃さを薄くし，目に入ることで考える妨げにならないよう配慮してあります。

■ 巻末テスト
テスト1：実力テスト／実際の試験問題と同じ形式。合格の目安付き。
テスト2：本番テスト／実際に出題された過去問題を掲載。設問の難易度ランク付き。
これらのテストは問題を解いて実力を培うための，総仕上げです。解けなかった問題はチェック欄を利用し，理解できるまで挑戦してみることが大切です。解答解説は別冊になっていて，取り外しができるので便利です。

■ POINT
それぞれの設問ごとに，どういうことを問うているのか，そのPOINTを記載しています。問題の芯をつかんだり，解けなかった問題の対策などに役立ちます。

■ これで合格!
単なる問題の解説ではなく，その領域・テーマについての補足をLECTUREとして掲載しています。各領域の理解がさらに深まり，秘書技能の知識も身に付きます。

■ minimini KEYWORD
それぞれの領域でちょっと押さえておきたい用語を掲載しています。用語からも領域全体が見えてきます。

秘書検定 新クリアテスト 2級　目次

まえがき	2
本書の利用の仕方	3
秘書検定の受け方	6
秘書技能審査基準（2級）	8

理論編

01 必要とされる資質

EXERCISE 上司の補佐役としての心構え	10
機密とうわさ	16
要領よくこなす能力	18
機転を利かす	20
受付・取り次ぎ	24
人柄・身だしなみ	28
ちょっと押さえておきたい用語「必要とされる資質」	30

02 職務知識

EXERCISE 役割と機能	32
定型業務	34
非定型業務	42
職務に対する心構え	44
効率的な仕事の進め方	48
ちょっと押さえておきたい用語「職務知識」	52

03 一般知識

EXERCISE 社会常識と企業経営	54
ちょっと押さえておきたい用語「一般知識」	62

実技編

04 マナー・接遇

EXERCISE 接遇マナーの心構え	64
接遇マナーの実際	66
人間関係と話し方・聞き方	72
敬語の使い方	76
報告・説明の仕方	82
注意・忠告の仕方と受け方	86

CONTENTS

実技編

　　説得の仕方と断り方 ・・・・・・・・・・・・・・・・・・・・・ 90
　　電話の応対 ・・・・・・・・・・・・・・・・・・・・・・・・・・・・・ 92
　　慶事・弔事のマナー ・・・・・・・・・・・・・・・・・・・・・ 94
　　贈答のマナー ・・・・・・・・・・・・・・・・・・・・・・・・・・ 100
　　記述問題／マナー・接遇 ・・・・・・・・・・・・・・・ 104
　ちょっと押さえておきたい用語「マナー・接遇」・・・・・・・ 108

05 技　能
　EXERCISE 会議に関する仕事 ・・・・・・・・・・・・・・・・・・・ 110
　　社内文書 ・・・・・・・・・・・・・・・・・・・・・・・・・・・・・・ 114
　　社外文書 ・・・・・・・・・・・・・・・・・・・・・・・・・・・・・・ 118
　　グラフ ・・・・・・・・・・・・・・・・・・・・・・・・・・・・・・・・ 120
　　文書の取り扱い ・・・・・・・・・・・・・・・・・・・・・・・ 120
　　ファイリング ・・・・・・・・・・・・・・・・・・・・・・・・・ 126
　　資料管理 ・・・・・・・・・・・・・・・・・・・・・・・・・・・・・・ 128
　　日程管理 ・・・・・・・・・・・・・・・・・・・・・・・・・・・・・・ 130
　　環境整備 ・・・・・・・・・・・・・・・・・・・・・・・・・・・・・・ 132
　　事務機器・事務用品 ・・・・・・・・・・・・・・・・・・・ 134
　　記述問題／技能 ・・・・・・・・・・・・・・・・・・・・・・・ 138
　ちょっと押さえておきたい用語「技能」・・・・・・・・・・・・・ 142

テスト

06 直前模擬試験 ・・・・・・・・・・・・・・・・・・・・・・・・・・ 143
　テスト1（実力テスト）・・・・・・・・・・・・・・・・・・・・・ 145

07 本試験問題 ・・・・・・・・・・・・・・・・・・・・・・・・・・・・ 159
　テスト2（本番テスト）・・・・・・・・・・・・・・・・・・・・ 161

解答＆解説編（別冊）

06 直前模擬試験 解答＆解説 編 ・・・・・・・・・・・ 1
　テスト1　解答＆解説 ・・・・・・・・・・・・・・・・・・・・・ 2

07 本試験問題 解答＆解説 編 ・・・・・・・・・・・・・ 11
　テスト2　解答＆解説 ・・・・・・・・・・・・・・・・・・・・ 12

■ 秘書検定の受け方 ■

1. 秘書検定の範囲
　試験は「理論領域」と「実技領域」に分けられます。理論領域には「Ⅰ必要とされる資質」「Ⅱ職務知識」「Ⅲ一般知識」があります。実技領域には「Ⅳマナー・接遇」「Ⅴ技能」があります。

2. 合格基準
　理論領域・実技領域とも，それぞれの得点が60％以上のとき合格となります。どちらか一方が60％未満のときは不合格となります。

3. 試験方法
　2級は筆記試験だけです。問題の約90％がマークシート方式であり，五つの選択肢から一つだけ選ぶ択一問題になっています。残りは記述式です。試験時間は120分です。

4. 受験資格
　誰でも受験することができます。学歴・年齢その他の制限はありません。

5. 試験実施日
　原則として，毎年2月，6月，11月に実施されます。

6. 申込受付期間
　試験日のほぼ2カ月前から1カ月前までが受付期間となります。検定協会所定の「受験願書」が付いている「検定案内」で確認してください。

7. 受験申込方法
（1）個人受験の場合
以下の2種類の申込方法があります。
①インターネットで申し込む
パソコン，タブレット，スマートフォンで以下のアドレスにアクセスし，コンビニエンスストアまたは，クレジットカードで受験料を支払う。

URL　https://jitsumu-kentei.jp/

②郵送で申し込む
現金書留で，願書と受験料を検定協会へ郵送する。
（願書は検定協会より取り寄せる）

（2）団体受験の場合
学校などを単位にしてまとめて申し込みをする場合は，検定協会所定の「団体申込用受験願書」が必要です。「受験願書」に必要事項を記入し，受験料を添えて必ず学校等の担当者に申し込んでください。

8. その他
試験会場，受験料，合否通知，合格証の発行等については，秘書検定のホームページをご覧ください。不明の点は下記へお問い合わせください。

公益財団法人 実務技能検定協会　秘書検定部
〒169-0075　東京都新宿区高田馬場一丁目4番15号
電話　03(3200)6675　FAX　03(3204)6758
https://jitsumu-kentei.jp/

秘書技能審査基準（2級）

程度：2級——秘書的業務について理解ができ，一般的な秘書的業務を行うのに必要な知識，技能を持っている。

I 必要とされる資質
(1) 秘書的な仕事を行うについて備えるべき要件
　①一般的に秘書的業務を処理する能力がある。
　②判断力，記憶力，表現力，行動力がある。
　③機密を守れる，機転が利くなどの資質を備えている。
(2) 要求される人柄
　①身だしなみを心得，良識がある。
　②誠実，明朗，素直などの資質を備えている。

II 職務知識
(1) 秘書的な仕事の機能
　①秘書的な仕事の機能を知っている。
　②上司の機能と秘書的な仕事の機能の関連を知っている。

III 一般知識
(1) 社会常識
　①社会常識を備え，時事問題について知識がある。
(2) 経営管理に関する知識
　①経営管理に関する初歩的な知識がある。

IV マナー・接遇
(1) 人間関係
　①人間関係について一般的な知識がある。
(2) マナー
　①ビジネスマナー，一般的なマナーを心得ている。
(3) 話し方，接遇
　①一般的な敬語，接遇用語が使える。
　②短い報告，説明，簡単な説得ができる。
　③真意を捉える聞き方が一般的にできる。
　④忠告が受けられ，注意ができる。
(4) 交際の業務
　①慶事，弔事に伴う庶務，情報収集とその処理ができる。
　②贈答のマナーを一般的に知っている。
　③上司加入の諸会の事務を扱うことができる。

V 技能
(1) 会議
　①会議に関する知識，および進行，手順についての知識がある。
　②会議の計画，準備，事後処理ができる。
(2) 文書の作成
　①文例を見て，社内外の文書が作成できる。
　②会議の簡単な議事録が作成できる。
　③折れ線，棒，簡単な円などのグラフを書くことができる。
(3) 文書の取り扱い
　①送付方法，受発信事務について知識がある。
　②秘扱い文書の取り扱いについて知識がある。
(4) ファイリング
　①一般的なファイルの作成，整理，保管ができる。
(5) 資料管理
　①名刺，業務上必要な資料類の整理，保管が一般的にできる。
　②要求された社内外の情報収集，整理，保管が一般的にできる。
(6) スケジュール管理
　①上司のスケジュール管理が一般的にできる。
(7) 環境，事務用品の整備
　①オフィスの整備，管理，および事務用品の整備，管理が一般的にできる。

SECRETARY

01 必要とされる資質

理論編

各問いの『解答』は，印刷の濃さを薄くし，目に入ることで考える妨げにならないよう配慮してあります。

EXERCISE 上司の補佐役としての心構え

① 秘書Aは新しい上司に付いた。Aは上司に合わせた補佐をしているつもりだったが，上司から「もっと私に合わせた仕事の仕方をしてもらいたい」と言われた。このことにAはどのように対応すればよいか。次の中から適当と思われるものを一つ選びなさい。

1) 「新任なので申し訳ない」とわび，もうしばらくは大目に見ていてもらいたいと頼む。
2) 自分では合わせる努力をしているのだから，そのことを上司に話して納得してもらう。
3) 上司の性格や好みを前任の秘書に尋ね，自分の仕事の仕方を話してアドバイスをもらう。
4) 自分では合わせているつもりなのだから，上司がそのことを理解してくれるまで待つようにする。
5) 「私に合わせた仕事の仕方」とは具体的にどのようなことかを上司に尋ね，それに沿うように努力する。

POINT! 新しい上司に合わせた仕事の仕方

② 秘書Aは，上司をよく訪ねてくる取引先F氏から，「Aさんにいつも世話になっているので，そのお礼に食事に招待したい」との電話を受けた。このような場合Aはどう対応したらよいか。次の中から適当と思われるものを一つ選びなさい。

1) 普段の世話に対する礼ということなので，招待は喜んで受け，誰にも話さないでおく。
2) 世話は仕事として行っている当然のことなので，礼をしてもらうようなことではないと言って断る。
3) 後で返事をさせてもらうと言っておき，上司に話して，よいと言われたら招待を受けることにする。
4) 自分への礼といっても秘書として仕事でしていることなので，先に上司の了承をもらってもらいたいと言う。
5) 自分への直接の電話で，自分がいつもしていることへの礼ということなのでそのまま受け，後で上司に報告する。

POINT! 取引先から食事に招待された場合の対応

LECTURE 上司の補佐役としての心構え

1 解答 3)

「解説」
Aは秘書だから精いっぱい合わせているのだろうが，上司はもっと自分に合わせてもらいたいと言っている。Aは新任で今以上のことは分からないのであろう。となれば上司のことを知っているであろう前任者に教えてもらうのが，適切な対応になるということである。

これで合格!

LECTURE

■秘書の立場を自覚する

秘書の役割は，上司が本来の業務に専念できるように，こまごまとした仕事を引き受け，上司の陰の力となって働くところにあります。従って上司に代わって仕事をしていても，それはあくまでも補佐であり，代行ではないことを自覚します。

2 解答 3)

「解説」
いつも世話になっているといっても，その世話は，来客へ秘書として行っていることである。それへの礼ということであるが，食事となれば気軽に受けられることでもない。ここは返事を保留しておき，上司に了承を得てから返事をするのがよいということである。

3 秘書Aの上司（部長）はY支店に出かけていて今日は戻らない。そこへ課長から，「部長に頼んでおいた書類はどうなっているか。今日取引先に届けようと思っているのだが」と言われた。このことについてAは上司から何も聞いていない。このような場合Aは，課長にどのように対応するのがよいか。次の中から不適当と思われるものを一つ選びなさい。

1) 「Y支店にいる部長に連絡して，直接確認してみてはどうか」と言う。
2) 「部長はY支店に出かけていて今日は戻らない。どうするか」と尋ねる。
3) 「部長は今日は戻らないので，明日にしてもらうことはできないか」と言う。
4) 「どのような書類なのか教えてもらえれば，部長の机辺を探してみる」と言う。
5) 「今日ということならY支店にいる部長に連絡してみるが，どうするか」と尋ねる。

POINT! 上司不在のとき，知らされていない資料を取りに来た課長への対応

4 次は秘書Aが後輩の秘書Bに指導したことである。中から不適当と思われるものを一つ選びなさい。

1) 秘書は誰であっても，自分から先にあいさつすること。
2) 秘書は上司の補佐なので，上司の健康にも気を使うこと。
3) 秘書はどのようなときでも笑顔を絶やさず，態度はおうようであること。
4) 秘書は嫌なことがあっても，感情を表に出さず，陰日なたのない仕事をすること。
5) 秘書は健康で体力がないと人への気配りもできなくなるから，健康には注意すること。

POINT! 秘書の仕事の仕方を後輩に指導したこと

SECRETARY 01　必要とされる資質

3　解答　1)

「解説」
上司は外出中，Aは書類のことは何も聞いていないのである。となると，課長に書類の必要の程度を確かめそれにより対処することになる。支店にいるとはいえ課長に直接上司に確認するよう言うのは，留守を預かる秘書の仕事の仕方ではないので不適当ということである。

4　解答　3)

「解説」
秘書に笑顔が必要なのはもちろんであるが，落ち着きとともにいつも明るくきびきび動き，何事も手早く処理できることも必要になる。おうような態度とは，「ゆったりしている様子」のこと。きびきびした態度と反対であり不適当である。

これで合格!

LECTURE

■上司を理解する
上司と秘書は表裏一体の関係です。それだけに上司と秘書との信頼関係は重要になってきます。信頼される秘書になるためには，上司の仕事や行動，環境などに興味・関心を持って理解を深める努力が求められます。飲み物から始まって仕事の処理の仕方まで，あらゆることについて上司の好みや方法を知ることで秘書業務の質も向上し，上司も満足するようになるでしょう。

■よい人間関係をつくる
秘書は職場において人と人との間に立つ存在です。従って，どのような人ともいろいろな事柄について話ができる，豊かな人間性を備えていなければなりません。

5 秘書Aの上司（部長）は今，各地の営業所回りのため出張中で，戻りは来週月曜日の予定である。次は，このようなときに社内外の人から言われたことに対するAの応答である。中から<u>不適当</u>と思われるものを一つ選びなさい。

1) 他部署の部長から，上司が戻ったら知らせてもらいたいと言われて
「承知いたしました。お戻りは来週月曜日のご予定ですが，よろしいでしょうか」
2) Aも顔見知りの上司の友人から，今出張中だと思うが戻りはいつかと聞かれて
「よくご存じですね。お戻りは来週月曜日の予定でございますが，連絡先をお教えいたしましょうか」
3) 常務から，W社との取引の件で部長に確認したいことがあると言われて
「部長は営業所回りで出張中でございます。課長がお分かりになると思いますが，いかがいたしましょうか」
4) 取引先の人から，最近上司の姿を見ないがどうしたのかと聞かれて
「ただ今出張しておりまして，戻りは来週月曜日の予定でございます。ご心配いただきまして恐縮でございます」
5) 本部長から，上司と急いで連絡が取りたいが携帯電話が通じないと言われて
「今でしたらT営業所にいらっしゃいます。T営業所の連絡先はこちらですが，よろしければ私からご連絡しましょうか」

POINT!
上司が出張中に言われたことへの応答

5 解答　2)

「解説」
友人は上司の出張を知っているから、戻りはいつかと聞いているのである。よくご存じですねくらいは、愛想として応じるのはよい。が、本来、知らせるべきでない出張の連絡先まで教えようかと言うのは不適当ということである。

EXERCISE 機密とうわさ

6 秘書Aの上司が外出中，上司と郷里で同窓生だったと名乗る人から電話があり，「上司の自宅の住所と電話番号を教えてほしい」と言われた。目的を尋ねると「案内状を出すのに必要なので」ということである。このような場合，Aは上司が外出していることを相手に伝えてからどのように言えばよいか。次の中から適当と思われるものを一つ選びなさい。

1) どんな案内状かを尋ね，「奥さまに確認してから連絡する」と言って相手の連絡先を聞いておく。
2) 「案内状なら取りあえず会社宛てに送ってもらっても差し支えない」と言って会社の所番地を教える。
3) 「自宅の住所は教えられないことになっているが，郷里の学校に問い合わせてもらえば分かると思う」と言う。
4) 「自宅の住所は教えられないので，電話番号を教えるから，住所は上司の自宅に問い合わせてもらいたい」と言う。
5) 「住所を教えてよいかどうか上司に確認しないと分からない。戻ったらこちらから連絡するので連絡先を教えてほしい」と言う。

POINT! 上司の自宅の住所・電話番号を聞かれた場合の対応

7 秘書Aが役員会終了後お茶の片付けに行くと，雑談として秘書の担当代えについて話がはずんでいた。Aはこのような場合どのように対処すればよいか。次の中から適当と思われるものを一つ選びなさい。

1) 雑談なので，秘書仲間に，こんな話が出ていたと話す。
2) 秘書の動きを知っておく必要のある秘書課長にだけ報告しておく。
3) 雑談であっても，内容について他の人に話すのはよくないので黙っている。
4) 秘書にとって担当代えは大切なことなので，秘書課全員で話題にし話し合う。
5) 今後の準備もあるだろうから，関係しそうな秘書に担当が代わるかもしれないと，そっと話しておく。

POINT! 役員たちの雑談交じりの人事話を聞いてしまった

SECRETARY 01　必要とされる資質

LECTURE　機密とうわさ

6　解 答　2)

「解説」
上司の自宅の住所や電話番号は，軽々しく社外の人に教えてはいけない。相手や理由によって，絶対に教えないことではないが，この場合は，案内状ということである。案内状なら会社に送ってもらえば用が足りるのだから，会社の所番地を教えればよいということになる。

7　解 答　3)

「解説」
役員たちの会話も仕事の立場上聞こえた話です。人事情報は機密事項なので，誰にも話してはいけません。

これで合格!

LECTURE

■**機密を守る**
●**秘書は機密事項を知る立場にある。**
① 秘書は日常的に機密事項を扱います。その機密をぺらぺら話すようでは秘書失格です。たとえ相手が親しい人であっても，世話になった人でも，知った機密を守ることは秘書として最も初歩的な心得であり，また常に心に留めておかねばならない大事なことでもあります。
② 人事異動について，知っていることを教えてくれないか，などと頼まれることもあるかもしれませんが，相手が上役であっても先輩であっても，話してはいけないことです。丁重に，さりげなくかわすことが求められます。口外しないことはもちろん，機密をにおわせるような曖昧な言動も慎むべきです。

理論編

実技編

テスト

EXERCISE 要領よくこなす能力

8 秘書Aの上司（部長）は，今日は社外のセミナーに参加している。現在9時30分。専務からYプロジェクトの資料を見たいと電話が入ったが，Aはこのことについては何も聞いておらず，資料がどこにあるかも分からない。上司は携帯電話を持っているので連絡はできるが，このような場合Aは，専務にどのように対応するのがよいか。次の中から適当と思われるものを一つ選びなさい。

1) 部長は携帯電話を持っているので，今すぐかけて確認する，少し待ってもらえないかと言う。
2) セミナー終了後に電話が入ることになっている，そのとき確認するということでよいかと言う。
3) セミナーのプログラムを確認して，休憩時間に電話してみる，それまで待ってもらえないかと言う。
4) 昼食休憩の時間なら確実に連絡が取れる，午後が始まる少し前に電話して確認しようと思うがどうかと言う。
5) 今日は終日セミナーに参加しているのだから，急ぎでなければ，明日連絡するように部長に伝えるがどうかと言う。

POINT! 上司外出中に，上司の上役から資料請求があったときの対応

9 秘書Aの上司は，打ち合わせのため営業所に出かけていて4時30分ごろに戻る予定である。そこへ取引先のT氏が訪れた。この時刻（3時）に書類を受け取る約束になっているのだという。Aはこのことについては何も聞いていない。このような場合AはT氏に，上司は外出していると言ってからどのように対応すればよいか。次の中から適当と思われるものを一つ選びなさい。

1) 迷惑をかけて申し訳ないと言ってわび，上司が戻ったら確認して連絡をするのでは駄目かと尋ねる。
2) 申し訳ないと言ってわび，私が探してみるのでどのような書類なのか教えてもらえないかと尋ねる。
3) 迷惑をかけて申し訳ないと言ってわび，すぐに外出先の上司に確認するので待ってもらえないかと尋ねる。
4) せっかく来てもらったのに申し訳ないと言ってわび，書類はどうしても今日中でないと駄目なのかと尋ねる。
5) 申し訳ないと言ってわび，上司と直接話してもらった方が確実なので，4時半ごろにもう一度来てもらえないかと尋ねる。

POINT! 上司外出中に，書類を受け取りに取引先が訪れた

SECRETARY 01　必要とされる資質

LECTURE　要領よくこなす能力

8　解答　3)

「解説」
資料はどこにあるか分からない。携帯電話に連絡できるとしても，セミナー中では上司にも周囲にも迷惑がかかるし，普通は電源を切るかマナーモードにしているはず。従って専務には，休憩時間を言って，連絡するのでそのときまで待ってもらいたいと言うのが適当な対応ということである。

9　解答　3)

「解説」
この時刻に渡す約束になっているのに，上司は不在でAは何も聞いていない。ということは，上司はこのことを忘れているのであろう。上司の外出先は営業所なので連絡は取れる。となればT氏には待ってもらい，営業所にいる上司に確認するのが適切な対応ということになる。

これで合格！

LECTURE

■指示内容を素早く，正確に把握する

① 複雑な内容の仕事を指示通りに的確にこなす能力に加え，迅速に要領よく処理する能力が求められます。そのためには，仕事全体の内容をよく理解した上で，どのような手順で行えばよいかを考え，仕事の計画を立てることがポイントです。
② このとき基本となるのが，指示を正しく受けることです。上司からの指示が出たらすぐにメモを取り，内容を復唱し，質問があれば最後に行う，これができて初めて仕事の対処方法，遂行計画を立てることができるのです。
③ 自分の上司以外の上役から指示を受けたときは，自分の仕事の枠内で片付くことは引き受けてもよいですが，それ以上の内容は，必ず直属の上司の指示を受けることが原則です。

■報告はタイミングよく正確に行う

① 報告をタイミングよく正確に行うことも，仕事を要領よくこなす能力の一つです。報告のポイントとは，必ず結論を先に話し，それから経過を手短に報告することです。上司が特に忙しいときは，結論だけでもよいくらいです。経過や理由は書面あるいは後日時間ができたときに話します。
② また，どんな報告でも，事実に基づいた正確な内容が求められます。もし，自分の意見や感想があるときは，その旨をはっきりと言って，事実と区別するようにします。

10 秘書Aは上司（部長）の知人K氏から，2時過ぎに来訪したいという上司宛ての電話を受けた。電話は出先からのようで，それだけで切れてしまった。上司には2時からF部長と打ち合わせの予定が入っている。このような場合Aは上司に，K氏からの電話のことを伝えた後，どのように言えばよいか。次の中から<u>不適当</u>と思われるものを一つ選びなさい。

1) その時刻にはF部長と打ち合わせの予定が入っているが，どのようにすればよいか。
2) K氏との面談時間を予測してもらえれば，F部長との打ち合わせの時間を調整するが，どうするか。
3) F部長には，K氏が来訪したら打ち合わせを中断させてもらうかもしれないと話しておいたらどうか。
4) K氏が来訪したら，打ち合わせが入っていると話して待ってもらうように頼んでみるが，それでよいか。
5) K氏が2時過ぎに来訪したらすぐに取り次ぐことにするが，打ち合わせは予定通りということでよいか。

POINT! 予定が重なる時間に受けてしまった，知人からの来訪希望を上司に何と言うか

EXERCISE　機転を利かす

11 秘書Aの上司（部長）が会議中に，面談の予約があった取引先のT氏が訪れたので，T氏を応接室に通してお茶を出し上司に知らせた。上司は少し待ってもらうようにということだったが，15分を過ぎても戻ってこない。このような場合Aは，T氏に待たせていることをわびてから，このことにどのように対応したらよいか。次の中から<u>不適当</u>と思われるものを一つ選びなさい。

1)「もう少し待ってもらえないか」とお願いし，お茶を入れ替えて新聞などを勧める。
2)「会議がまだ終わらないが，もし課長でよければ呼んでくるがどうするか」と尋ねる。
3)「会議がまだ終わらないので，自分が代わりに用件を聞いて上司に伝えようか」と尋ねる。
4)「会議がまだ終わらないが，もう少し待ってもらっても次の予定に差し支えないか」と尋ねる。
5)「もう少し待ってもらうことはできるか」と確かめ，お茶を入れ替えてから，上司にどのようにするか確かめる。

POINT! 長時間待たせている客への対応

SECRETARY 01　必要とされる資質

10 解答　3)

「解説」
2時過ぎに伺いたいと言って電話が切れたのだから，K氏はそのころ来社することになる。が，上司には2時からF部長との打ち合わせが入っている。従って，そのこととの調整がAの仕事になる。F部長だけに，中断させてもらうかもしれないと言っておいたらどうかと言うのは不適当ということである。

これで合格!

LECTURE

■仕事の優先順位を付ける

幾つかの仕事が集中したときは，どの仕事をいつまでに済ますかを決めることになります。これが仕事の優先順位です。内容の重要度や要する時間などを考え併せて決めていきます。迷ったとき，できそうもないときは上司に相談して優先順位を決めます。

LECTURE　機転を利かす

11 解答　3)

「解説」
T氏は上司と面談予約をしている。用件は，一般的には面談予約のときに分かっていて，それによって目的が達せられることになる。会議が終わらず上司が予約の時間に出てこられないからと，Aが用件を聞いて上司に伝えても，伝えるだけでは何の意味もないということである。

これで合格!

LECTURE

■機転を利かした判断をする能力
● 今起きている問題（テーマ）は何かを素早く理解できる的確な判断力。
● この問題をどのように解決すべきかが分かる知識。
● 素早く適切な行動力。

「上司が会議中に，アポイントメントのない客が来訪した。このようなときどう処理したらよいか」。秘書はこのような状況にしばしば直面します。素早い判断と対応が要求される場面です。

このようなとき，まず上司に連絡を取る，伝言を聞いておく，待ってもらう，代理の者に会ってもらうなど，さまざまな対処法があります。また急用なのか，上司との関係はどうかなども判断材料になります。最終的にどのように対処するかは，それらの要素を考え合わせ，そのときの状況に最もふさわしい判断を下すことになります。

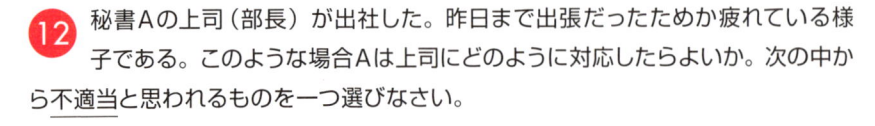

12 秘書Aの上司(部長)が出社した。昨日まで出張だったためか疲れている様子である。このような場合Aは上司にどのように対応したらよいか。次の中から**不適当**と思われるものを一つ選びなさい。

1) 出社するといつもすぐにお茶を運んでいたので
「ご出張お疲れさまでした。お茶をお持ちいたしますがいつもと同じでよろしいでしょうか」
2) 朝のスケジュール確認のとき
「本日のスケジュールはこのままでよろしいでしょうか。お疲れのようでしたら調整いたしますが」
3) 出張から戻った翌日は本部長へ報告することになっているので
「お疲れのご様子ですがご出張の報告は午前中になさいますか,それとも午後になさいますか」
4) 上司へお茶を運んだとき
「お疲れのご様子ですが,ご無理をなさらずに本日は早くお帰りになったらいかがでしょうか」
5) 疲れている様子を案じて
「何かお急ぎのご用はおありでしょうか。私でできることでしたらいたしますのでご指示くださいませ」

POINT! 出張で疲れている上司への対応

13 秘書Aは上司の指示で,見知らぬ客の面会を断ったところ,あなたの名刺をもらえないかと言われた。Aは名刺を持っているが,このような場合どのように対応するのがよいか。次の中から適当と思われるものを一つ選びなさい。

1) 上司が面会を断ったとはいえ相手は客なのだから,自分の名刺を渡す。
2) 上司が面会を断った客なのだから,Aも自分の名刺を渡すことはできないと言う。
3) 上司が面会を断った客とは自分も関わりを持たない方がよいので,名刺は切らしていると言う。
4) 上司が面会を断ったとはいえ客なのだから,名刺を渡してよいかどうかを上司に聞いてくると言う。
5) 上司の客であってもAの名刺がほしいと言っているのだから,内緒にしておいてもらいたいと言って渡す。

POINT! 面会を断った客から名刺をもらいたいと言われた

SECRETARY 01　必要とされる資質

12　解答　4)

「解説」
Aは秘書である。無理をせず早く帰ったらどうかなどと言うのは上司の行動に口を出していることになり不適当。上司の疲れている様子を気遣うのはよいが，気遣いは他の方法でしないといけないということである。

13　解答　3)

「解説」
秘書の仕事は上司を補佐することです。その上司が面会を断った客なのだから，秘書もその客とは何の関係もないことになる。従って名刺を求められても渡す理由はないことになる。「名刺は切らしてる」と言うのが，スマートな断り方ということである。

EXERCISE　受付・取り次ぎ

14 秘書Aが電話を取ると上司（部長）の学生時代の友人というK氏からで，「出張で近くに来ている。こちらにはあと二日ほどいるので上司にぜひ会いたい，時間は取らせない」ということである。上司は外出中だったので，空いている時間に会ってもらった。K氏が帰った後上司から「売り込みだったので断った」と言われた。今後このようなことのないようにするためにAは，上司に，申し訳ないとわびてからどのように言うのがよいか。次の中から適当と思われるものを一つ選びなさい。

1) 面会のご用件を伺って，はっきりおっしゃらない場合はお断りするようにいたします。
2) 部長のいらっしゃるお時間を伝えて，直接部長とお話しいただくようにお伝えいたします。
3) 時間を取らせないということでも，部長に確認してこちらから連絡するとお伝えいたします。
4) 学生時代の友人とおっしゃる方でも，その方の現在のお仕事を詳しくお聞きするようにいたします。
5) 学生時代の友人とおっしゃる方の売り込みが多いので，部長は大変迷惑しているとお伝えいたします。

POINT! 上司が外出中に受けた友人からの面会希望電話

15 秘書Aの上司は来客と面談中でお昼前には戻る予定である。そのような折，取引先のF部長から上司宛てに「納品のことで急いで相談したいことがあるので，今日の午後伺いたい。時間はそちらに合わせる」と電話があった。Aは上司から，面談中は電話を取り次がないようにと言われている。このような場合AはF部長に，上司は不在と言ってからどのように対応すればよいか。次の中から<u>不適当</u>と思われるものを一つ選びなさい。

1) 急いでいるとのことなので，伝えておくと言い，時間は後ほど連絡すると言う。
2) 取りあえず午後の上司の空いている時間を知らせ，詳しくは上司に確認次第連絡するがよいかと言う。
3) 上司が戻り次第都合を聞いて，できるだけ早く連絡すると言い，何時ごろなら席にいるかを尋ねておく。
4) 所要時間はどのくらいかを尋ね，急な話なので上司の都合がつかないときは代わりの者でもよいかと確認しておく。
5) 急いでいるとのことなので，上司の空いている時間を知らせ，その時間に待っているように上司に頼んでおくと言う。

POINT! 取り次がないようにと言われている面談中に，取引先から伺いたいと電話

LECTURE 受付・取り次ぎ

14 解答 3)

「解説」
Aの失敗は，学生時代の友人である，時間は取らせない，ということだけで面会の時間を取ってしまったことにある。次からは，上司に確認してから連絡すると言うのがよいということになる。

15 解答 5)

「解説」
急いで相談したいということだが上司は来客中，しかも取り次がないようにと言われている。従って，後から連絡させてもらうとか，代わりの者では駄目かなどがこの場合の対応になる。上司の都合も確かめず上司に頼んでおくなどと言うのは不適当ということである。

これで合格！

LECTURE

■受付や取り次ぎなどでの対応

① 上司の在席中にアポイントメントのない客が訪れたとき，またそれが見知らぬ人であればなおのこと，とっさの機転を利かさなくてはなりません。これらの客をどのように接遇するかで，会社や上司の評価が決まる場合もあります。

② 実際に処理するには，まずポイントが何かを瞬時に感じ取らねばなりません。アポイントメントのない客でも，上司にとって極めて重要な客であれば，直ちに上司に取り次ぎます。未知の客であれば，慎重の上にも慎重を期さねばなりません。

1．ケース別対処法
1) 見知らぬ客の応対
上司に連絡して，その人のことを確認します。その後の処理は上司に指示してもらい，それに沿って行動します。

2) アポイントメントのない客の応対
上司の会議中などに予約のない客が来たら，極めて重要な客以外は事情を話し，取り次げない旨を説明します。それから客の意向に従って，伝言などの対応をします。

3) 予約していた客が来たが，上司が取り込んでいるときの対応
上司の事情を話して，とにかくわびます。そしてどのくらい待っていただくことになるかを話し，客に判断してもらいます。もし待ってもらえるなら，お茶を出し，雑誌などの読み物を提供します。

4) 取り次がないようにと言われているときの例外対応
社長など上司の上役から呼び出しがある場合は，用件は聞かずそのまま取り次ぎます。

16 秘書Aは上司から,「会議に出るが,その間にY氏から明日の打ち合わせの場所と時間について電話が入ることになっているので,聞いておいてもらいたい」と言われた。このような場合,AがY氏からの電話を受け,そのことを上司に伝えるときどのようにすればよいか。次の中から適当と思われるものを一つ選びなさい。

1) Y氏から電話があったら,その内容をメモして会議中の上司にすぐ届ける。
2) 上司が会議から戻ってきたら,すぐに上司のところに行き,Y氏の電話の内容を口頭で報告する。
3) 上司はY氏から電話があることを知っているのだから,上司から尋ねられてから口頭で報告する。
4) Y氏の電話の内容をメモして上司の机の上に置き,電話を受けたことを会議中の上司にメモで知らせる。
5) Y氏の電話の内容をメモして上司の机の上に置いておき,上司が戻ったら,電話があったことを口頭で伝える。

POINT!
会議中の上司への連絡の仕方

17 秘書Aの上司(K部長)は,「会議中は電話を取り次がないように」と言って,1時間後に終わる予定の会議に出席した。現在午後3時30分。そこへ取引先の部長から,今日中にK部長からもらえることになっていた返事はどうなっているかと電話があった。このような場合Aは,取引先の部長にどのように対応すればよいか。次の中から<u>不適当</u>と思われるものを一つ選びなさい。

1) Kは今,会議中なので,大変申し訳ないがあと1時間ほど待ってもらえないかと頼む。
2) 大変申し訳ない,Kは今会議中なので,確認して今日中には返事をさせてもらうと言う。
3) 大変申し訳ないがKは1時間ほどで戻る予定なので,戻ったらすぐに連絡させてもらうと言う。
4) 申し訳ないがKは席を外している,戻り次第こちらから連絡させてもらうので待ってもらいたいと言う。
5) 申し訳ないがKは今会議中で,電話は取り次がないようにと指示されている,終わり次第連絡するので待ってもらいたいと言う。

POINT!
取り次がないようにと言われている会議中に取引先から電話

16 解答 5)

「解説」
Y氏からの電話の内容を上司に伝えるのだから、メモして、会議から戻った上司がすぐ見られるように机の上に置いておくのがよい。また、電話があったことを口頭でも伝えるのがよい対応ということである。

17 解答 5)

「解説」
会議は4時30分には終わるのだから、今日中に返事はできる。従って今日中にできることを前提にして、どのようにしてか待ってもらうのがよいことになる。電話を取り次がないように言われているなどは、あからさまに言うものではないということである。

EXERCISE 人柄・身だしなみ

18 秘書Aはその日,就業後に社内のスポーツ大会があり,上司も一日外出なのでカジュアルな服装で出勤していた。ところが上司から,取引先の新社屋パーティーに急に出られなくなったので,代わりに出席してもらいたいと連絡があった。このような場合の対処として,次の中から適当と思われるものを一つ選びなさい。

1) 上司の指示なので,服装のことは気にしないで出席する。
2) 上司の指示通り出席して,パーティーの主催者には理由を話し,失礼をわびておく。
3) 上司に「ふさわしいとは言えない服装なので,申し訳ありませんがお断りします」と言う。
4) 上司の指示なので出席するが,周囲には,社内のスポーツ大会の件を話し言い訳をしておく。
5) 上司に「祝賀行事に出席するのにふさわしい服装をしていないのですが」と事情を話してみる。

POINT! カジュアルな服装のとき,パーティー出席の指示への対処

19 秘書Aは上司から「笑顔が大切」と言われ笑顔を心がけている。上司が笑顔を求めていると思われる理由について,次の中から<u>不適当</u>と思われるものを一つ選びなさい。

1) 笑顔のある人は親しみが感じられ,物事を頼みやすいから。
2) 笑顔のある人は心にゆとりが感じられ,安心して仕事を任せられるから。
3) 笑顔のある人は相手の心を和ませ,態度の善しあしが気にされないから。
4) 笑顔のある人は相手に安心感などの好感を与え,リラックスさせてくれるから。
5) 笑顔のある人は明るく前向きな印象を与え,周囲も明るい雰囲気にしてくれるから。

POINT! 笑顔が求められる理由

SECRETARY 01　必要とされる資質

LECTURE　人柄・身だしなみ

18　解 答　5）

「解説」
取引先の新社屋のパーティーはその会社にとっては大切な行事である。代理で，しかもカジュアルな服装では相手に失礼になってしまうこともある。上司は外出していて，Aの服装がふさわしいか，ふさわしくないか，見ていないので判断ができない。ふさわしくないとなれば，上司にその旨を話すべきである。

19　解 答　3）

「解説」
ここでいう笑顔とは，顔に笑みをたたえていることである。いつも笑みをたたえている人は性格も明るく積極性がある。例えばそのような人には仕事を頼みやすいといったような，笑顔でないところでも好感を持たれる。要するに，求められているものは笑顔だけではないということである。笑顔によって，態度の善しあしが気にされないからというわけではない。

これで合格!

LECTURE

■**求められる身だしなみの基本**
● 働く場にふさわしく調和がとれている。
● 他人に不快感を与えないように，いつも清潔を心がける。
● 仕事がしやすく機能的である。
● 日頃から健康管理に注意し，明るく快活な動作を心がける。

1）秘書の役割を心得た身だしなみ
身だしなみに気を付けるのは，オフィスの雰囲気をよくするためです。きちんとした身だしなみには，明るさと適度の緊張感をつくり出す力があります。また，服装だけが目立ってしまうのも困ります。華やかな装いがおかしいのもそのためです。ここでいう身だしなみとは髪形，化粧，アクセサリー，靴などトータルなものを指します。

2）状況や役割を考える
大切なのはその場の状況や役割にふさわしい装いをすることです。秘書はオフィスだけでなく，上司の外出に同行する機会も多くあります。パーティー会場で受付を務めるならば，普段より改まった装いが大事です。このように状況や役割を考えながら身だしなみを考えます。

■**パーソナリティーの重要性**
● 内面からにじみ出てくるパーソナリティー（個性・人柄）は，他人に与える印象に大きな影響を持つ。

■**秘書に求められるパーソナリティー**
● 対人関係に求められるパーソナリティー……誠実，明朗，謙虚，冷静，親切，ユーモア，礼儀，清潔，責任感，柔軟性など。
● 仕事をするのに必要なパーソナリティー……正確性，積極性，能率性，機密厳守，慎重，行動性など。

minimini KEY WORD

ちょっと押さえておきたい用語
「必要とされる資質」

■職場の雰囲気づくり
秘書の役割の中には，職場の雰囲気づくりも含まれます。上司をはじめとした人たちが快い雰囲気の中で働けるよう人間関係の潤滑油的役割を担う心がけも求められます。

■会社の機密
機密には，①極秘＝重要事項で機密に属するもの，②秘＝極秘に次ぐ機密，③部外秘＝その部署以外の社員に知られてはいけない機密，④社外秘＝社外の人に漏れてはいけない機密，などがあります。

■機転
機転は，秘書にとって重要な能力の一つです。機転を利かすには，上司の仕事の流れを十分に理解しておくこと，適切な判断能力を身に付けておくことが不可欠となります。

■プライベートな部分は節度と良識をわきまえて
新しい上司に付く場合，私生活の部分については，まず家族構成を知っていればよいでしょう。おいおい上司が自ら話してくれることを追加していくようにします。

■指示された仕事
指示された仕事は，①内容を理解し正確に処理する，②仕事が重なったときに的確な優先順位を付けられる，③タイミングのよい正確な報告ができる，ことが必要です。

■仕事を進める基本は「ホウ・レン・ソウ」
仕事を進める上で基本となるのが，報告・連絡・相談です。中でも報告が最も大切で，正確で適切な報告は秘書の仕事に欠かせません。

■会議中の電話の取り次ぎ
緊急の電話は用件を聞き，概略をメモして会議中の上司に伝えます。上司をむやみに呼び出したり，口頭で伝えるのは，会議に支障を来しますので好ましくありません。

SECRETARY

02 職務知識

理論編

各問いの『解答』は，印刷の濃さを薄くし，
目に入ることで考える妨げにならないよう配慮してあります。

EXERCISE　役割と機能

1 次は秘書Aが，上司に申し出たことである。中から不適当と思われるものを一つ選びなさい。

1) 上司が体調がよくないと言っているのを聞いて
   「今日の取引先の接待は延期いたしましょうか」
2) 上司が外出する時間になっても席にいるときは
   「そろそろお出かけのお時間でございますが・・・」
3) 上司が，資料の文字が小さいので読みにくそうにしていたのを見て
   「よろしければ，拡大コピーをしてまいりましょうか」
4) これから出張する上司が忙しそうにしていたので
   「私にできることがありましたら，お手伝いいたしましょうか」
5) 会議に出ようとする上司の机の上に，その会議の資料らしきものが置いてあるのを見て
   「お机の上の資料はお持ちにならなくてもよろしいのでしょうか」

POINT! 心遣いとして上司に申し出たこと

2 秘書Aは外出中の上司（部長）から，「電車が事故の影響で遅れていて戻るのは3時ごろになる」という連絡を受けた。現在午後2時過ぎ。次は上司が戻るまでにAが行ったことである。中から不適当と思われるものを一つ選びなさい。

1) 上司に聞きたいことがあるとの本部長からの内線電話に，事情を伝えてどのようにしたらよいか尋ねた。
2) 取引先からの明日の面談申し込みの電話に，上司が戻ったら確認して返事をするので待ってもらいたいと頼んだ。
3) 稟議書に急いで上司の承認をもらいたいという課長に，承認をもらったらすぐ知らせると言って稟議書を預かった。
4) 新任のあいさつに訪れた取引先の部長に，事情を話し，上司が戻ったら伝えると言って名刺を預かりあいさつを受けた。
5) 予約があって2時半に来訪した客に，事情を話して上司の戻りが遅くなることをわび，30分ほど待ってもらえないかと頼んだ。

POINT! 上司が外出から戻るまでの仕事の仕方

SECRETARY 02　職務知識

LECTURE　　役割と機能

1　解答　1)

「解説」
取引先の接待は，よほどのことがない限りは延期はしないものである。たとえ延期せざるを得ないにしても，接待は上司の仕事の一部であるから，どうするかは上司の決めることである。従って，秘書が上司に接待を延期しようかと言うのは，心遣いとしても不適当となる。

2　解答　4)

「解説」
新任のあいさつは，儀礼的ということでもあり，特に相手の在社を確認して行くものではない。従って，される人が不在なら代わりの人が受ければよいものである。この場合は相手が取引先なので，代わりは課長などになる。Aが受けたのは不適当ということである。

これで合格!

LECTURE

■秘書の役割と機能
- 秘書の基本的な機能は，上司が本来の仕事に専念できるように業務を処理し，仕事が円滑に進むようにさまざまな準備をすることである。
- 補佐であるから，上司に代わって意思決定したり，指示はできない。

■秘書と上司の関係
● 直属の上司との関係
秘書は上司と共に働き，上司を助ける存在ですが，どんなに有能であっても，上司に代わって，上司の本務を遂行することはできません。上司に代わって何か行うことがあっても，それはあくまでもスタッフ，すなわち補佐の範囲内にとどまるものです。独断専行は許されません。

● 他部門の長との関係
他部門の長とは直接的な関係はありません。しかし組織の中ですから，場合によっては他部門の長から仕事の指示や依頼があるかもしれません。この場合は直属の上司から承認を得て取りかかるようにします。

3 次は秘書Aが，上司（部長）の出張中に行ったことである。中から不適当と思われるものを一つ選びなさい。

1) W部長の父逝去の社内メールが送られてきたので，前例に倣って上司名で香典を用意しておいた。
2) 課長が稟議書を持ってきたので，上司が出張から戻るまでよければ預かっておくと言って預かった。
3) 取引先から新任の部長があいさつに来訪したので，あいにく上司は出張中と話して課長に取り次いだ。
4) 新聞社から取材の申し込みがあったので，上司は出張中であると伝えて改めて電話をもらいたいと言った。
5) 専務から，今日中に部長と直接話したいことがあると言われたので，上司から専務に連絡してもらえるようAから伝えると言った。

POINT! 上司の出張中に行ったこと

EXERCISE　　　定型業務

4 秘書Aの上司は出身校の同窓会団体の幹事をしていて，その関係で今日も他の幹事3名と打ち合わせをしている。5時半を過ぎたころAは上司から，「レストランRに，6時に予約をしてもらいたい」と指示された。Rは車で5分くらいの所にある。次はこのときAが，上司に確認したことである。中から不適当と思われるものを一つ選びなさい。

1) 予約人数は4名でよいか。
2) 料理の内容は決めておくか。
3) 何時までの予定で予約すればよいか。
4) Rまでのタクシーなどの手配は必要か。
5) テーブル席でよいか，個室の方がよいか。

POINT! 面談後の会食を予約する場合

3 解答 4)

「解説」
新聞社からの取材申し込みである。返事は上司に確認してからすればよいことなのだから、上司が不在なら戻ってから返事ができるよう、希望日時や取材内容などについて尋ねておくことになる。出張中なので改めて電話をというのは役割を果たしていないことになり不適当ということである。

LECTURE 定型業務

4 解答 3)

「解説」
レストランRに6時に予約というのだから、今打ち合わせ中の人との会食であろう。従って今の会合の延長として、予約に必要なことを確認することになる。食事を伴う少人数の会合の場合、終了時間を決めることは普通しないので、時間の確認は不必要ということである。

これで合格!

LECTURE

■上司の身の回りの世話

1. 車の手配
上司の出社、退社、外出など勤務上使用する自動車の手配をします。そのため、運転手や管轄する庶務などのセクションと緊密に連絡を取る必要があります。ただし、社用車の運転日誌は運転手が付けます。

2. お茶や食事のサービス
仕事の合間や食事時にはお茶やコーヒーなどを出します。場合によっては昼食や夜食の手配もしなければなりません。上司の好みをつかんでおき、タイミングよく手配します。

5 秘書Aの上司が不在中，上司宛てに業界新聞の記者から電話があった。取材の申し込みでコメントをもらいたいということである。次はそのとき，Aが記者に確認したことである。中から不適当と思われるものを一つ選びなさい。

1) 希望の取材日時はいつか。
2) 何か用意する物はあるか。
3) 上司でないと駄目なのか。
4) 取材の時間はどのくらいか。
5) 電話だけの取材でもよいか。

POINT!
業界新聞から取材申し込みの電話

6 秘書Aの上司（部長）宛てに，上司の友人Y氏から電話があった。上京したので明日の夕方訪問したいが都合はどうかというものである。上司は外出していて今日は戻らない。また明日の夕方には面談などの予定は入っていないが，Aは上司から「たまっている書類に目を通したい」と聞いている。このような場合AはY氏に，上司は外出していると言った後，どのように対応すればよいか。次の中から適当と思われるものを一つ選びなさい。

1)「上司の友人なので何とか都合をつけたいとは思うが，急なことなので残念だができない」と言う。
2)「残念ながら明日の夕方は予定が入っていて，会うのは無理だ。日にちを改めてもらえないか」と言う。
3)「既に予定が入っているが，短時間なら会えるかもしれないので，その時刻に来てみてはどうか」と言う。
4)「明日の夕方は予定が入っているが，このことを上司に伝えておくので，明日改めて連絡をもらえないか」と言う。
5)「既に予定が入っているが，用件によっては変更できるかもしれないので，用件を聞かせてもらえないか」と言う。

POINT!
予定を入れたくない日時に訪問希望の電話

5 解答 3)

「解説」
上司にコメントをもらいたいという，業界新聞の記者からの取材申し込みである。取材に応じるかどうかは上司に聞いてみないと分からない（上司は応じるかもしれない）のに，上司でないと駄目なのかと確認するような言い方は不適当。

6 解答 4)

「解説」
電話の相手は上司の友人。明日の夕方の予定は書類に目を通すということだから，時間のやりくりがつくかもしれない。従って相手は友人だから予定が入っていると言っておいて，後は上司がどのようにするかなのだから，明日連絡をもらうのがよいということである。

これで合格！

LECTURE

■電話応対

●電話応対には，上司にかかってきた電話，上司がかける電話，上司の不在中の電話の処理，各種問い合わせや連絡の処理などがある。

① この中では上司の不在中の電話応対が難しいといえます。上司の気持ちや状況を考え合わせ，的確にしかも機転を利かせて対応しなければなりません。

② もちろん，それに応じた連絡や手配も必要です。単に電話の内容を正確に取り次ぐだけでなく，どのように行動するかも大事になってきます。

③ また上司の不在中に，外部の人から上司の私的なことや業務について問い合わせる電話がかかってくることがあります。そのようなときは「よく分かりません」とかわし，相手の連絡先を聞いておいて，上司が帰ったら報告するようにします。

7 秘書Aは後輩Bに手伝ってもらい資料を作成した。その資料を持って役員会に出席した上司が「資料の金額が違っていて,社長からきつく叱られた」と言って怒って帰ってきた。多少感情的になっている様子である。金額の部分はBが作成した箇所であるが,Aが経理部に確認すると,元データの集計の違いであって,Bのミスではなかった。このような場合の上司への対応について次の中から適当と思われるものを一つ選びなさい。

1) Bが作成した部分なので,上司に謝りに行くよう指示する。
2) Aのミスではないが,直ちにわび「以後注意する」と言い対応の指示を待つ。
3) 業務上のことなので,上司が感情的になっていても気にしないでそのままにしておく。
4) 作成したのはBだが,経理部からの集計の違いに気が付かなかったと事情を分かりやすく説明する。
5) 感情的になっているようなので,時間をおいて感情の治まるころ様子を見に行き,「以後注意する」と言って謝る。

POINT! 後輩と一緒に作成した資料の間違いへの対応

8 秘書Aは取引先R社から,ファクスが間違って届いたという連絡を受けた。ファクスはS社に宛てたもので,内容は,Aの会社の販売店までの地図である。R社はAの会社の近くにある。このような場合Aは,R社にわびてからどのようにすればよいか。次の中から適当と思われるものを一つ選びなさい。

1) 届いたファクスを,郵便で送り返してもらいたいと頼む。
2) 届いたファクスは,そのまま破棄してもらいたいと頼む。
3) 届いたファクスの破棄を頼み,こちらからわび状を郵便で送る。
4) 近日中に取りに伺うので,手数をかけるがそれまで預かっていてもらえないかと頼む。
5) 手数をかけて申し訳ないが,届いたファクスをS社に転送してもらえないかと頼む。

POINT! ファクスの送付先を間違えた場合

7 解答　2)

「解説」
ミスをした場合は，まず謝り言い訳をしないのが原則である。ミスの原因はそのうち分かるものである。上司が気持ちよく仕事ができるようにするためにも「以後注意する」と前向きに謝るのが適当。

8 解答　2)

「解説」
この場合送ったのは地図なのだから，R社に見られても差し支えないもの。またファクスなのだから原稿はこちらに残っている。従って破棄してもらいたいと頼むのがよいということである。

これで合格!

LECTURE

■**文書事務**
●文書事務には文書作成，文書の清書，社内外文書の受発信，文書の整理・保管，文書関係機器の操作などがある。
① 上司の書いた文書をパソコンなどで清書するとき，上司の書き間違い，思い込みミスなど直した方がよいと判断できる箇所があることに気が付くことがあります。明らかな間違いであっても，他の不明点などと一緒に上司に確認をとってから修正するのが原則です（人の名前などは直しておいてもよい）。
② また，上司が長期出張中に，上司に代わって礼状やあいさつ状を書くようなときは上司名で出します。

■**情報の管理**
社内外で発生する情報は的確に取捨選択して上司に伝えるとともに，関係先にも連絡します。上司の不在中に，私的な付き合いの人に関する重要な情報を得たときは，出先などに連絡するよりも，上司の夫人など家庭に電話で知らせる方がよいこともあります。

9 秘書Aは，上司が長期出張で留守にしている間に次のことを行った。中から<u>不適当</u>と思われるものを一つ選びなさい。

1) 上司宛ての郵便物で早く知らせた方がよいものは，まとめて宿泊先のホテルに送った。
2) 他部署の部長から「手伝ってもらいたい」と頼まれた仕事は，短時間で終える仕事だったので引き受けた。
3) 他部署の部長から「上司をしばらく見かけないがどうしたのか」と聞かれたので，出張先と出張の目的を話した。
4) 出欠の返事の期限が迫っている招待状が届いたので，先方に「上司は出張中なので，確かめてから返事を出す」と伝えた。
5) 取引先からの「直接上司と話したいことがある」という電話に，「後から連絡する」と言って相手の都合のよい時間を尋ねた。

POINT! 上司の出張中に行うこと

10 秘書Aは上司（部長）から，投函(とうかん)してもらいたいと返信はがきを渡された。見ると，出身校の同窓会の出席通知で，このことについて上司からは何も言われていない。その日時には既に社内会議の予定が入っている。このような場合，Aはどのように対処したらよいか。次の中から適当と思われるものを一つ選びなさい。

1) 上司が同窓会に出席すると決めたのだから，黙って社内会議を欠席に変更する。
2) 知らされなくても，スケジュール管理はしなくてはならないのだから上司に確認する。
3) 社内会議の担当者に上司の同窓会出席のことを話し，社内会議をどのようにするか尋ねる。
4) 上司に，同窓会と社内会議が重なったので，社内会議の変更を指示してもらいたいと言う。
5) Aに知らせないのは何か理由があるのだろうから，知らないことにし，何もしないでおく。

POINT! 知らされてないスケジュールへの対応

9 解答 3)

「解説」
たとえ他部署の部長であっても，上司の出張の目的までは伝えるものではない。出張の目的は，内容によっては社内の部署間でも機密にすることもある。このような場合，出張先と出張期間程度にとどめておくべきである。

10 解答 2)

「解説」
スケジュール管理は秘書の仕事なのだから，予定の重なりが分かったらそのままにしておくわけにはいかない。投函前に上司に確認し，指示に従って必要な対処などするのが適当。

これで合格！

LECTURE

■**出張事務**

① 出張事務には，上司が出張する際の日程表の作成，交通機関の切符の手配，宿泊先の予約，関係先への連絡調整のほか，上司が出張などから戻ってからの旅費の精算手続き，上司が出張先でお世話になった方への礼状の代筆などがあります。

② なお，出張中の上司との連絡は，何回もしなくて済むように，時間を決めてまとめて連絡事項を伝えるのが効率的です。

③ ただし，上司の出張中に緊急あるいは重大と判断できる事態が発生したときは，直ちに出張先に連絡して指示を仰ぐようにします。

■**日程管理**

① 上司はデスクワークの他に，会議，面談，出張，訪問，接待などをこなしています。予定の変更や新しい予定も入ってきますが，秘書が独断でスケジュールを調整することはありません。

② また，上司が出先などで面会の予約をしてくることはよくあります。決まった日程を上手に調整します。

③ 上司の日程管理には，友人との会食などプライベート面も入ってきます。しかし，そうしたプライベートな約束は公式の日程表に書き込む必要はありません。秘書個人の日程表に書き込んでおきます。

EXERCISE　　　　　　非定型業務

11 秘書Aの上司が外出中，確かに今日の約束という客が訪れた。スケジュール表を確認すると20日になっている。今日は2日である。この予約は新人のBが受け，20日（はつか）と2日（ふつか）を間違えたらしい。このような場合Aは，上司は外出中とわびた後どのように言うのがよいか。次の中から適当と思われるものを一つ選びなさい。

1) こちらの予定では20日になっているので，20日に改めて来てもらうことはできないか。
2) こちらの予定と違っているので，手数をかけるが，スケジュールを確認してもらえないか。
3) こちらの予定では20日になっているが，急ぎの用件なら，ここ二，三日中の予約に変更しようか。
4) 20日となっているのは，受けた者が新人で2日と20日を聞き違えたためだと思われるので，許してもらえないか。
5) こちらの予定では20日になっているが，差し支えなければ，用件によっては他の者が対応できると思う。どうするか。

POINT! 新人が予約日を間違えたときの対応

12 秘書Aの上司が取引先に出かけようとしていたところへ，L社のS部長が訪れた。この日時に訪ねると上司に話してあるという。そこでAが上司に確認すると，訪ねたいとは聞いていたが約束はしていなかったという。このような場合Aは，S部長に「申し訳ない，約束がはっきりしていなかったようだ」とわびた後，どのように対応すればよいか。次の中から不適当と思われるものを一つ選びなさい。

1) 今日は他の予定が入っていて無理なので，出直してもらうことはできないかと尋ねる。
2) 上司はこれから外出するので，戻ったら上司から連絡させてもらうがそれでよいかと尋ねる。
3) 上司はこれから外出するので，日を改めてもらえないかと頼み，希望の日時を二，三尋ねる。
4) 上司はこれから外出する予定なので，約束をしたというのは何かの間違いではないかと尋ねる。
5) 上司はこれから外出するので，用件によってはそのことが分かる代わりの者に取り次ぐがよいかと尋ねる。

POINT! はっきりした約束がなかった来客への対応

LECTURE

非定型業務

11 解答 5)

「解説」
間違えたのはこちらだから，相手に迷惑をかけない対応が必要である。対応の仕方はあっても，上司は外出中なので，この場ですぐには決められない。ということで，なるべく迷惑をかけないようにするとなると，代わりの者ではどうかと言うのが適当ということである。

12 解答 4)

「解説」
お互いの思い違いによる行き違いである。この場合上司は既に出かけようとしているのだから，S氏に変更をお願いするしかない。このような場合は，それぞれが自分の都合のよいようにしか解釈しないのだから，S氏の間違いではないかと尋ねるのは不適当ということ。

LECTURE

■予定外の来客

「上司は在室している。そこへ近くまで来たので，上司の友人が立ち寄った。特に用件はなさそうである。秘書はどう対応したらよいか」。こうした突発的な出来事はよくあります。このようなとき秘書は，素早く状況を判断し，対応することになります。上司は今，差し迫った仕事に追われているのか，比較的時間に余裕があるのか，また会いたい人なのか，会いたくない人なのかなど，さまざまな要素を考え合わせる必要があります。

EXERCISE 職務に対する心構え

13 次は秘書Aが，上司（部長）が外出先から直接自宅に戻ることになっているとき，上司の自宅や携帯電話に連絡したことである。中から不適当と思われるものを一つ選びなさい。

1) 他部署の部長から「明日のゴルフのスタート時間が20分早くなった」という連絡を受けたこと。
2) 専務から「明朝一番で打ち合わせをしたいので専務室に来るように」という連絡を受けたこと。
3) Aの親戚に不幸があり「葬儀に参列することになったので，明日休ませてもらいたい」ということ。
4) 上司の学生時代の友人から，「頼みたいことがあり，詳細を書いた手紙を送った」という連絡を受けたこと。
5) 常務秘書から，「明日の取引先の部長の葬儀に，常務の代理で参列してもらいたい」という連絡を受けたこと。

POINT! 上司の自宅や携帯電話に連絡できる内容

14 秘書Aの上司は予約客（F氏）を待っていたが，30分待っても来ない。上司は15分後に次の予定があるので，それまでに戻ると言って席を外した。その直後にF氏が訪ねてきた。このような場合Aは，F氏に対してどのように対応すればよいか。次の中から不適当と思われるものを一つ選びなさい。

1) 遅れて来た客とはいえ予約客なので，上司は次の予定があって15分以内には戻るがどうするかと尋ねる。
2) 上司は先ほどまで待っていたが，来ないので席を外したと言ってわび，どのようにすればよいかと尋ねる。
3) 上司はあいにく席を外してしまったので，日を改めて来てもらえないかと言ってわび，都合のよい日時を尋ねる。
4) 遅れると連絡してもらっていれば上司は待っていたのだがと言って，伝言などがあれば聞くがどうするかと尋ねる。
5) 上司は先ほどまで待っていたが席を外してしまったと言ってわび，後ほどこちらから連絡するのではどうかと尋ねる。

POINT! 遅れて来た予約客への対応

LECTURE 職務に対する心構え

13 解答 4)

「解説」
上司の自宅や携帯電話に連絡するのは，急を要することや，連絡をしないと何らかの支障が生ずるというときである。4)は，上司が出社してから報告すればよい内容なので，このタイミングで連絡する必要はないということである。

14 解答 4)

「解説」
上司には次の予定が入っている。F氏が遅れて来ればその分面談時間は少なくなるのだから遅れると連絡をもらったとしても待ったかどうかは分からない。それを，連絡してもらえればとAが勝手に言うのは不適当。またたとえ遅れて来たとしても，客に対して，連絡してもらっていればなどと直接的に言うのは失礼である。

これで合格！

LECTURE

■自分の立場をわきまえる
●スタッフとしての範囲を超えない
秘書はスタッフですから，その限りにおいて上司を助けます。例えば上司が急病になったとしても，上司になり代わることはできません。秘書ができることは，病気という状況を考えた上でのスケジュール調整や他部門との連絡です。スタッフとしての立場をわきまえつつ，その中で最善を尽くします。

■進言には節度が必要
秘書の立場から上司に進言できる範囲は決まっています。基本的な健康管理，食事の内容や店選び，服装などのアドバイスです。業務に関しては上司の記憶違いなどによる単純ミスで，そのままにしておくと上司の評判に傷がつくようなケースです。

15 秘書Aは午後休暇を取ることになっている。休暇については既に上司（部長）から許可をもらっているが，退社前に次のことを行った。中から不適当と思われるものを一つ選びなさい。

1) 退社するとき，上司は外出中で不在だったので，机上に，午後休むことをメモして置いた。
2) 新人Bに，午後休むが，対処の仕方が分からないことはそのままにしておいてもらいたいと言った。
3) 午後A宛てに書類を持ってくることになっている取引先の人に，代わりに受け取る者の名前を電話で連絡した。
4) よく上司のところに用件を持ってくる他部署の秘書に，午後は休むので，急ぎでないものは明日にしてもらいたいと頼んだ。
5) 午後行われる社内会議のお茶出しを代わってもらう後輩Cに，会議の人数や顔ぶれなどお茶を出すのに必要なことを伝えた。

POINT! 午後休暇の退社前に行ったこと

16 秘書Aの上司が入院した。症状はそれほど重くなく，会社からは関係者以外には口外しないようにと指示されている。そのような折，上司の友人と名乗る来客があった。上司に頼みたいことがあるのだという。このような場合Aは，どのように対応するのがよいか。次の中から適当と思われるものを一つ選びなさい。

1) 上司の友人ということなので，「自宅に連絡してもらった方が早い」と言って，自宅の電話番号を教える。
2) 用件を尋ね，急ぎということなら「今入院中なので，自分から上司に伝えて返事をさせてもらう」と言う。
3) 上司の友人ということなので，入院中と言ってから「来訪のあったことを伝えておく」と言って帰ってもらう。
4) 入院のことは言わず，「上司は数日留守にしているので，上司から連絡するようにする」と言って連絡先を尋ねる。
5) 上司の友人ということなので，「他には言わないでもらいたい」と頼んでから入院していることを伝えてどうすればよいかを尋ねる。

POINT! 上司の入院中に，頼みたいことがあると友人が来訪

SECRETARY 02　職務知識

15 解 答　2)

「解説」
例えば指示があったら，そのときすぐにしなければならない上司のサポートが秘書の仕事である。指示されてやり方が分からなかったら，誰かに尋ねてでもすぐに行うことが必要。分からなかったらそのままにしておいて，などと言うのは不適当ということである。

16 解 答　4)

「解説」
口外しないように指示されているのだから，言うわけにはいかない。しかし友人は，上司とは私的な関係の人であるから伝えてもよさそうではある。が，ここは留守ということにしておいて，後は上司から電話で，上司の都合で対応してもらうのがよいということである。

これで合格！

LECTURE

■**進んで上司を理解する**
① 上司を補佐し，上司の役に立つことが秘書の仕事です。そのためにはまず，上司が社内外でどういう立場にあり，何をしようとしているのかをきちんと理解しておく必要があります。接遇応対，日程管理など日常の秘書業務を円滑に進めるためにも，上司の理解は不可欠のものであり，逆に言えば上司を理解することが自らの仕事の理解につながるのです。
② 上司の理解のためには業務上のことはもちろん，人柄や家庭環境まで知っておく必要があります。場合によってはプライベートな面も把握することになるでしょう。ただし上司がそれを望まないときは，秘書といえども立ち入ることはできません。

■**機密を口外しない**
秘書は機密を知る立場にありますが，だからといって交際範囲を狭めたりする必要はありません。むしろ，広げた方が何かのときに役立ちますし，助けになります。機密事項は話さない，この原則さえ守ればよいのです。

EXERCISE 効率的な仕事の進め方

17 秘書Aは後輩に「上司の指示で仕事が重なったときどうするか教えてもらいたい」と頼まれた。次はそのときAが指導した内容である。中から不適当と思われるものを一つ選びなさい。

1) 時間的に無理な仕事は,他の人に手伝ってもらってよいか上司に確認する。
2) 上司の私用を頼まれたときでも,緊急であればそちらを優先させるようにする。
3) 同時に二つの仕事を引き受けるときは,どちらを優先させるかを上司に尋ね指示を得るようにする。
4) 急ぎの仕事を優先し,時間的に余裕のある仕事は後にしてもよいかを確認して指示を得るようにする。
5) 仕事が勤務時間内に終わらない場合は,残業したり自宅に持ち帰ってでも終わらせるようにする。

POINT! 仕事が重なったときの対処の仕方

18 秘書Aのパソコンに,取引先のD氏から他部署秘書のB宛てのメールが届いた。AとBは姓が同じでメールアドレスも似ているので間違えたらしい。内容は,Aが見てしまっても差し支えのないものである。このような場合Aはどのように対処したらよいか。次の中から適当と思われるものを一つ選びなさい。

1) Bに,D氏からメールが間違って届いたがどうすればよいかと尋ねる。
2) D氏に電話で,B宛てのメールが間違って届いたがどうすればよいかと尋ねる。
3) Bにメールを転送し,BとD氏に,メールが間違って届いたことと転送したことを伝える。
4) 届いたメールは削除し,D氏に,メールが間違って届いたのでB宛てに送ってもらいたいと頼む。
5) Bに,届いたものを印刷して渡し,アドレスが似ているので気を付けてもらうようD氏に頼んでもらいたいと言う。

POINT! 間違われたメールへの対処

SECRETARY 02　職務知識

LECTURE　効率的な仕事の進め方

17　解答　5)

「解説」
重なる仕事でも引き受け，優先順位を聞き，どのようにすれば同時にできるかを考えるのが秘書の仕事である。しかし，基本姿勢としては勤務時間内に業務を有効に終了させる必要がある。自宅に持ち帰り仕事をするのは，機密漏えいにもつながり不適当ということである。

18　解答　3)

「解説」
AのパソコンにB宛てのメールが間違って届いたのである。メールアドレスが似ていての間違いだから，Bにすぐに転送するのがよいことになる。今後のこともあるので，D氏には処理の結果を伝えておくのがよいということである。

これで合格！

LECTURE

■秘書の業務内容
●定型業務と非定型業務
① 定型業務とは業務内容のフォームが決まっているもので，日程管理，来客接遇，電話応対，文書事務，出張事務，経理事務，上司の身の回りの世話などです。
② 非定型業務とは突発的に起こる仕事で，ケースバイケースで対応するものです。予定外の来客応対，急病や事故の対応などがあります。

■業務の定型化・標準化
業務を効率よく行うためには，業務の定型化・標準化が必要になってきます。
●仕事の手順を考える
「この仕事はどのくらいの時間で処理できるか」をあらかじめつかんでおき，それを基に仕事の手順を考えておくと，仕事の処理スピードは格段に飛躍します。

■執務時間をフルに活用する
●空き時間を有効に使う
上司が外出している時間を利用して，日ごろ手を付けられない整理事務を行います。
●時間の自己管理をはかる
業務の優先順位を考えながら，限りある時間を有効に使うようにします。仕事が重なったり，時間的に無理だと思われる仕事は，その旨上司に申し出て，優先順位を確認してもらいます。

19 秘書Aの上司は,新しいプロジェクトの責任者も兼ねていて非常に忙しい。そのため,外出先で受けてきた他部署への用件の連絡が遅れがちだと,苦情を多く受けるようになった。このような場合,Aはどのように対処すればよいか。次の中から適当と思われるものを一つ選びなさい。

1) 他部署の人に,「上司が外出から戻ったら都度連絡を入れるので,上司に直接尋ねたらどうか」と言う。
2) 上司が外出先から戻ったら,「他部署へ連絡することはないかどうか」と折りに触れ尋ねるようにする。
3) 他部署の人に,「迷惑をかけるが,連絡事項は上司が出先で受けてくることだから致し方ない」と言う。
4) 他部署の人に,「上司はプロジェクトの件で忙しいのだから,状況を理解して協力してもらいたい」と言う。
5) 上司に,「他部署の人から苦情を受けるので,外出先での連絡の取り次ぎは受けないようにしたらどうか」と言う。

POINT!
多忙な上司に対する苦情への対処の仕方

19 解答 2)

「解説」
上司が忙しくて,他部署への連絡が滞りがちになるのであれば,そうならないようにするのが秘書としての補佐である。とすれば小まめにAが上司に,連絡事項がないかどうかを尋ね,あればそれによってすぐ他部署に連絡するような態勢を整えるということである。

minimini KEY WORD

ちょっと押さえておきたい用語
「職務知識」

■事務処理
秘書は，上司が本来の仕事に専念できるように事務処理をします。内容は，日程管理，接遇，上司の身の回りの世話，部屋の管理，出張事務，文書事務などがあります。

■スタッフとしての立場を踏み出さない
秘書の機能は，あくまでも上司の仕事の範囲内での補佐・支援ということであり，上司の本務についての代行権を持たないスタッフという立場をわきまえなければいけません。

■うわさ
特に指示がなくても，知らせた方がよいと思う情報やうわさは，上司に知らせます。しかし，うわさは事実関係をしっかりと確認してから報告することが望まれます。

■取材申し込みへの対応
取材を申し込んできた媒体，取材の希望日時，取材趣旨などを確認して，上司に伝え判断を仰ぎます。取材を受ける場合は，事前に資料などを整理しておくことも必要になります。

■不意の来客の取り次ぎ
上司に不意の来客があった場合，まず相手の会社名，氏名，用件を確認の上取り次ぐことになりますが，この時点では上司の在否を客に告げないことが大切です。

■後輩の指導
新人秘書に対する先輩秘書としての指導・教育は，上司の意向をどれだけ伝えるかという技量が問われるもので，細心の注意を払い慎重に行わなければなりません。

■出張の準備
出張の期間，目的地への到着時間などを確認し日程表を作成します。その後上司の承認を得てから，効率性，上司の好みなどを考慮して，交通機関や宿泊先の手配をします。

■上司の私的な行動
上司のスケジュールには，友人・知人との会食など私的な行動も含まれます。私的な予定は公式の日程表には書き込まず，秘書個人の日程表に記入しておきます。

■定型業務のフォーマット化
定型業務のフォーマット化は，マニュアル化することによって後任の秘書への引き継ぎをスムーズにする意味もあり，煩雑な秘書業務を合理化させるためには重要なことです。

SECRETARY

03 一般知識

理論編

各問いの『解答』は，印刷の濃さを薄くし，
目に入ることで考える妨げにならないよう配慮してあります。

EXERCISE　　　社会常識と企業経営

1 次は用語とその説明である。中から不適当と思われるものを一つ選びなさい。

1)「買い掛け」とは，代金後払いで商品を買うこと。
2)「株主」とは，株式会社に出資している人のこと。
3)「金利」とは，株価の変動によって得られた利益のこと。
4)「決算」とは，一定期間内の収支の最終的な計算のこと。
5)「円安」とは，円の相場が，外貨の相場に対して今までより安くなること。

POINT! 用語とその説明

2 次は用語とその意味（訳語）の組み合わせである。中から不適当と思われるものを一つ選びなさい。

1) オプション　　　　＝　開発
2) オペレーション　　＝　操作
3) ジェネレーション　＝　世代
4) インフォメーション＝　情報
5) コミッション　　　＝　手数料

POINT! 用語とその説明

3 次は関係ある用語の組み合わせである。中から不適当と思われるものを一つ選びなさい。

1) 退職　——　辞表
2) 出向　——　株主
3) 嘱託　——　再雇用
4) 内示　——　人事異動
5) 定年　——　終身雇用

POINT! 関係ある用語の組み合わせ

一般知識

SECRETARY 03　一般知識

LECTURE　社会常識と企業経営

1　解答　3)

「解説」
「金利」とは，金を貸したり借りたりしたときの利子のこと。預金などのように一定の率によって支払われる。株価の変動で得られる利益は，一定の率ということではないので，説明としては不適当ということである。

2　解答　1)

「解説」
「オプション」とは，自由選択などの意味である。

3　解答　2)

「解説」
「出向」とは，籍を元の会社などに置いたまま，関連企業などに勤務することである。「株主」とは，株式会社に出資している人のことなので，関係はない。

■知っておきたい用語

法律で定められた会社の種類	「株式会社」「合資会社」「合名会社」「合同会社」の4種類
法人	法律上の権利，義務のある会社や団体のこと
会社の運営	株式会社では「株主総会」が最高決定機関。ここで取締役，監査役を選ぶ。取締役の中から代表取締役が選ばれ，業務の執行と会社を代表する権限を与えられる
自己資本	自前の資本のこと。資本金のほか資本準備金，利益準備金などを含む。反対が借入金で金融機関からの借り入れ，社債などである
経営戦略	変動する社会環境に適応して企業を存続，発展させるための長期的な基本方針
経営多角化	危険分散や副産物の利用などを目的として，数種の業種を同時に経営すること
減量経営	経費節減，人員削減などで，企業の体質を改善すること
代表取締役	通称は社長。取締役会で選任され，会社を代表する取締役のこと
専務取締役	取締役の一員で，常務と共に役付取締役といわれる。社長，副社長に次ぎ，常務と共に常務会を構成する
直接税	法人税，所得税，相続税など納税義務者とその税金を負担している人が一致しているもの
間接税	納税義務は製造販売業者にあるが，商品に税金分を含ませて販売するため実質的に消費者が負担している税が間接税。酒税，消費税など

4 次は秘書Aが耳にした話の一部である。中から下線部分の用語の使い方が不適当と思われるものを一つ選びなさい。

1)「W営業所長が，来月から本社企画部長に<u>栄転</u>する」
2)「定年退職されたK氏が，嘱託社員として<u>再雇用</u>される」
3)「関連会社の営業強化のため，営業部員が二，三人<u>出向</u>になる」
4)「今度の株主総会で，経理部長が，<u>ヘッドハンティング</u>されて，取締役に就任する」
5)「来月の新製品発表会のとき，応援のため，各営業所から若手社員が<u>派遣</u>されてくる」

POINT! 人事に関する用語の使い方

5 次はそれぞれ関係ある用語の組み合わせである。中から不適当と思われるものを一つ選びなさい。

1) 建物　　　　―― 固定資産
2) 決算　　　　―― 財務諸表
3) 国債　　　　―― 有価証券
4) 所得税　　　―― 収入印紙
5) 会計監査　　―― 損益計算書

POINT! 関係ある用語の組み合わせ

6 次は用語の説明である。中から不適当と思われるものを一つ選びなさい。

1)「連結決算」とは，複数の年度分をまとめて行う決算のこと。
2)「資金繰り」とは，事業を続けるための，資金のやりくりのこと。
3)「源泉徴収」とは，事業者が国に代わって税を徴収し納付すること。
4)「固定資産」とは，土地，建物など長期間にわたって使用される資産のこと。
5)「貸借対照表」とは，企業の財政状態を明らかにするために作成される計算書のこと。

POINT! 会計に関する用語

SECRETARY 03　一般知識

4　解答　4)

「解説」
「ヘッドハンティング」とは，有能な人材をある会社から引き抜くなどのこと。部長がその会社の取締役に就任するときに使う言い方ではないので不適当ということである。

5　解答　4)

「解説」
「所得税」とは，所得に対して課せられる税金のこと。「収入印紙」は，国への収納金を徴収するために政府が発行する切手大の証票のことなので，直接の関係はない。

6　解答　1)

「解説」
「連結決算」とは，親会社と子会社，関連会社を一つにまとめて行う決算のことである。

■試験によく出るカタカナ用語

アウトソーシング	外部委託，外注
アウトプット	出力
アウトライン	大体の内容のこと
アセスメント	評価
アドバタイジング	広告活動
アビリティー	能力
イノベーション	技術革新
イマジネーション	想像，想像力
イレギュラー	不規則
インセンティブ	奨励金
インフォーマル	略式
インフォメーション	情報
インプット	入力
エージェンシー	代理店
オーソリティー	権威者
オファー	申し込み，申し入れ
オプション	自由選択
オペレーション	操作
ガイダンス	指導
ガイドライン	指標
キャパシティー	容量
キャリア	経歴
クオリティー	品質，性質，品位
クライアント	得意先・依頼者
グレード	等級
クレジット	信用
コミッション	商取引での仲介手数料
コメンテーター	解説者
コラボレーション	共同
コンサルタント	企業経営などについて診断や指導をする専門家

7 次は用語とその意味の組み合わせである。中から不適当と思われるものを一つ選びなさい。

1) オーソリティー　＝　権威者
2) コメンテーター　＝　解説者
3) オーガナイザー　＝　経営者
4) アウトサイダー　＝　局外者
5) コーディネーター　＝　調整者

POINT!
用語とその意味の組み合わせ

8 次の「　」内の説明は、下のどの用語の説明か。中から適当と思われるものを一つ選びなさい。

「商品やサービスなどが、生産者から消費者の手に渡るまでの一連の企業活動のこと」

1) キャンペーン
2) マーケティング
3) プロモーション
4) パブリシティー
5) セールスプロモーション

POINT!
適当な用語の説明

9 次は直接関係ある用語の組み合わせである。中から不適当と思われるものを一つ選びなさい。

1) 社債　——　利子
2) 融資　——　抵当
3) 金券　——　円高
4) 債権　——　貸付金
5) 登記　——　不動産

POINT!
直接関係ある用語の組み合わせ

SECRETARY 03　一般知識

7　解答　3)

「解説」
「オーガナイザー」とは，まとめ役，組織者という意味である。

8　解答　2)

9　解答　3)

「解説」
「金券」とは，ある範囲内で，金銭の代わりに通用する券のことである。「円高」とは，円の相場が，外貨の相場に対して今までより高くなることなので，直接の関係はない。

コンシューマー	消費者
コンスタント	一定
コンセプト	基本的な考え方，概念
コンセンサス	合意
コンタクト	連絡
サゼスチョン	示唆・提言
サンプリング	標本抽出
ジェネレーション	世代
スキル	技能
ステータス	地位
スポークスマン	政府や団体の意見を発表する担当者
セキュリティー	安全
セレクト	選択
ターゲット	標的
タイアップ	協力して物事を行うこと
タイムアップ	時間切れ
ダイレクトメール	宛て名広告
ディスプレー	展示
デッドライン	最終期限
デベロッパー	開発業者
デモンストレーション	商品の宣伝で実演すること
ネガティブ	消極的
パーソナリティー	個性
バリエーション	変化
ビジョン	未来像
フォーマット	形式
ブラッシュアップ	磨きをかけること
フランク	率直，ざっくばらん
フレキシブル	柔軟なさま
プレゼンテーション	提示・説明

理論編　実技編　テスト

10 次は用語とその意味の組み合わせである。中から不適当と思われるものを一つ選びなさい。

1) ポリシー　　　　　　＝　方針
2) セーフティー　　　　＝　安全
3) ギャランティー　　　＝　能力
4) ポテンシャリティー　＝　潜在力
5) ロイヤルティー　　　＝　権利使用料

POINT!
用語と意味の組み合わせ

11 次は関係ある用語の組み合わせである。中から不適当と思われるものを一つ選びなさい。

1) 減価償却　——　決算
2) 固定資産　——　円高
3) 連結決算　——　子会社
4) 上場企業　——　株式会社
5) 会計監査　——　貸借対照表

POINT!
関係ある用語の組み合わせ

12 次は用語とその意味の組み合わせである。中から不適当と思われるものを一つ選びなさい。

1) フランク　　　＝　率直なこと
2) デリケート　　＝　繊細なこと
3) ラジカル　　　＝　急進的なこと
4) ポジティブ　　＝　積極的なこと
5) フレキシブル　＝　衝撃的なこと

POINT!
用語とその意味の組み合わせ

SECRETARY 03　一般知識

10　解答　3)

「解説」
「ギャランティー」とは出演料などのこと。「能力」はアビリティー。

11　解答　2)

「解説」
「固定資産」とは，長期にわたって使用する資産のことで，土地，建物，大きな機械などのことをいう。「円高」とは円の相場が，外貨の相場に対して今までより高くなることなので，関係のあるものの組み合わせとしては不適当ということである。

12　解答　5)

「解説」
「フレキシブル」とは，柔軟なことである。

プレッシャー	圧力
プロダクト	生産，生産品
プロモーション	販売などの促進活動
フロンティア	未開拓の分野
ベースアップ	賃金基準を引き上げること
ヘッドライン	新聞などの見出し
ペナルティー	罰則
ペンディング	保留・未決
ポテンシャリティー	潜在力
ポリシー	方針
メソッド	方法，方式
ユーザー	使用者
ラジカル	急進的
リコール	欠陥ある製品を生産者が回収し，無料で修理すること
リサーチ	調査または研究
リストアップ	選び出して名簿等作ること
リニューアル	新装
ルーティンワーク	日常の決まり切った仕事
レクチャー	講義
ローテーション	順番にその役に当たること
ロイヤルティー	特許権，著作権などの使用料

ちょっと押さえておきたい用語
「一般知識」

＊以下についての用語や知識を理解しておきましょう。

■企業形態と仕組みについての用語

■企業の組織についての用語

■企業の経営機能と経営管理についての用語

■マーケティングと広告

■ニューメディア・パソコン関連の用語

■法律についての用語

■政治・経済

■金融・税務

■略語・カタカナ語

■その他の一般知識・社会常識

SECRETARY

04

マナー・接遇

実技編

各問いの『解答』は，印刷の濃さを薄くし，
目に入ることで考える妨げにならないよう配慮してあります。

EXERCISE 接遇マナーの心構え

1 秘書中村の上司（村田部長）のところに，取引先K社の高橋氏の紹介で予約を受けていたY氏が来訪した。中村が応接室に案内しようとしたところ，「お世話になります」とあいさつされた。このような場合秘書中村は，Y氏にどのように言えばよいか。次の中から適当と思われるものを一つ選びなさい。

1) 「K社の高橋様には私ども，大変お世話になっております」
2) 「こちらこそお世話になります。よろしくお願いいたします」
3) 「恐れ入りますが，そのようなことは村田に直接言っていただけませんでしょうか」
4) 「初めまして。私は秘書の中村と申します。お見知りおきのほどお願いいたします」
5) 「ごあいさつが遅れ申し訳ありません。私は村田の秘書でございます。よろしくお願いいたします」

POINT! 来客へのあいさつの仕方

2 新人秘書Aは先輩から，「立ち居振る舞いが粗雑なので気を付けるように」と注意を受けた。Aは自分なりに気を付けているつもりだったので，自分のどこが粗雑なのかよく分からない。次はこのときAが考えたことである。中から適当と思われるものを一つ選びなさい。

1) 先輩にどこが粗雑なのか，またどのようにすればよいのかを具体的に教えてもらう。
2) 注意を受けたことを同僚に話してみて，同僚から見ても立ち居振る舞いが粗雑ということなら気を付ける。
3) このようなことは人によって感じ方が違うし，自分は自分なりに気を付けているのだから気にしないでおく。
4) 上司に先輩から注意を受けたことを話してみて，上司がそのように思っていないのであれば気にしないようにする。
5) 先輩に，自分は入社してまだ日が浅いし自分なりに気を付けているのだから，少しは大目に見てもらえないかと言う。

POINT! 粗雑な立ち居振る舞いをなくす

SECRETARY 04 マナー・接遇

LECTURE　接遇マナーの心構え

1　解答　2)

「解説」
この場合Y氏が秘書中村に「お世話になります」と言ったのは，紹介されてきてまさしくこれから世話になる，または，大して意味のない一般的なあいさつと解釈してよい。従ってこれへの対応は，お世話になりますへの応答だけすればよいということである。

2　解答　1)

「解説」
粗雑とは，大ざっぱでいいかげんなこと。立ち居振る舞いであれば歩き方，椅子への座り方，お辞儀の仕方などがそうなのであろう。自分ではよく分からないのであれば，注意した先輩に直接教えてもらうのがよいということである。

これで合格!

LECTURE

■接遇の心構え

① 接遇の目的は，来客が用件を果たすに当たり最大限満足してもらい，その結果好ましい人間関係を築くことです。そのためには誰にでも誠意を持って，公平に接し，しかも正確・迅速に応対することが肝心です。さらにその場にふさわしい服装，態度，言葉遣いが条件です。
② ただし応対は一様ではありません。場面によって機転を利かせなければならない事態がしばしば発生します。基本を押さえた上で，状況を的確に捉え，臨機応変な対応ができるようにします。

EXERCISE 接遇マナーの実際

3 秘書Aの上司(斉藤部長)が外出中,不意の来客があった。上司は1時ごろ戻る予定である。次はそのときに,Aが順に言ったことである。中から言葉遣いが**不適当**と思われるものを一つ選びなさい。

1) 「申し訳ございません。あいにく斉藤は外出いたしております」
2) 「1時ごろ戻る予定でございますが,いかがいたしましょうか」
3) 「よろしければ課長の山田が代わりにお話を承りますが,いかがいたしましょうか」
   〈来客は「上司と直接話がしたいので,連絡をもらいたい」とのことだったので〉
4) 「それでは,斉藤が戻りましたらご連絡を差し上げるよう申し上げます」
5) 「念のため,ご連絡先を伺ってもよろしいでしょうか」

POINT! 上司が外出中の不意の来客

4 秘書Aの上司は何も言わずに席を外すことが多い。社内にはいるのだが,急用のときなどは困ることもある。今も予約客が時間通りに来訪した。このような場合の来客への対応について,次の中から適当と思われるものを一つ選びなさい。

1) 「お約束は存じているはずですが,念のためすぐに社内を捜してまいります」と言って,応接室に案内する。
2) 「ただ今席を外しておりますが,間もなく戻ってまいりますので」と言って応接室に案内し,上司が戻るのを待つ。
3) 応接室に案内し,上司が席を外していることは触れずに「少々お待ちくださいませ」と言って,すぐに社内を捜す。
4) 「前の予定が長引いているようですので,少々お待ちいただけますか」と言って待ってもらい,上司が戻るのを待つ。
5) 上司が席を外していることを伝え「よくこのようなことがあって私も困っております」と言って応接室に案内し,社内を捜す。

POINT! 上司が離席中の予約客への対応

SECRETARY 04　マナー・接遇

LECTURE　接遇マナーの実際

3　解答　4)

「解説」
「申し上げます」が不適当。この場合は来客からの伝言を上司に伝えるのだから、「申し伝えます」などが適切な言い方ということになる。

4　解答　3)

「解説」
上司は予約客があるのに席を外しているのだから、こちらに向かっているか近くにいるはずである。また、客は時間通りに来社しているのだから、余計なことは言わず応接室に案内し、「少々お待ちくださいませ」と言って捜せばよいということである。

これで合格！

LECTURE

■受付と取り次ぎ
●予約のない来客
基本通りにあいさつし、相手を確認し用件を伺います。その上で上司の在否は伏せたまま、「少々お待ちください。ただ今確認してまいります」と言って来客に待ってもらい、上司に連絡して指示を得ます。

1. 来客が重なったとき
上司の来客中に予約のない来客があった場合、相手が取引先などで取り次いだ方がよいと判断したら、念のため面会の所要時間を尋ねます。用件を手早くメモし、来客中の上司に届けます。その際、面談中のお客さまには、「お話し中、失礼します」とわびます。上司から指示を得たら、「失礼いたしました」と言って、会釈して下がります。

2. 転任者があいさつに来たとき
転任や就任のあいさつは、普通予約はしません。この場合秘書は「ご丁寧にありがとうございます」などとあいさつし、すぐに上司に取り次ぎます。上司は短時間のあいさつで済む相手の場合は、会議中や来客中であっても席を外すことがあるからです。上司が不在のときは、代理の人に出てもらうなどしてあいさつを交わすこともあります。

3. 紹介状を持ってきた来客の場合
普通は紹介者からその旨事前に連絡があります。そうした場合、秘書は「○○様からご連絡いただき、お待ちいたしておりました」とあいさつし、上司に取り次ぎます。その際、秘書は相手が持ってきた紹介状を受け取り、そのまま上司に渡します。紹介者から事前に連絡がない場合は、相手に待ってもらい、上司の意向を尋ねます。

↓ 69ページへ続く

5 秘書Aの上司（高橋部長）は，先ほど常務に呼ばれ，常務室からまだ戻っていない。そのような折，予約客（K氏）が約束の時間に来訪した。次はこのとき，Aが順に行ったことである。中から不適当と思われるものを一つ選びなさい。

1) K氏へは，「お待ちいたしておりました」と言って，応接室に案内しお茶を出した。
2) 上司への連絡は，内線電話で常務秘書に伝え，常務秘書から連絡してもらった。
3) 上司から連絡があったので，K氏に，上司が10分ほどお待ち願いたいと言っていると伝えた。
4) 上司が応接室に入ったので，お茶は二人分持っていき，K氏の分を入れ替えた。
5) K氏が帰るとき，待たせたことに対して「高橋に代わっておわびいたします」と言った。

POINT！
上司が離席中の予約客への対応

6 次は秘書Aが，上司のところへ紹介状を持った客が来訪したとき，どのように対応すればよいかについて考えたことである。中から不適当と思われるものを一つ選びなさい。

1) 上司が不在のときは，用件などによって，担当の者に取り次ぐがよいかと尋ねるのがよい。
2) 紹介者から事前に連絡があって来社した場合は，紹介状を受け取ってそのまま上司に取り次ぐのがよい。
3) 不意の来社の場合は，紹介状を預かって上司のところに持っていき，どのようにするかを尋ねるのがよい。
4) 少し待ってもらう場合は，紹介状は預かって上司のところへ持っていき，客は応接室へ案内するのがよい。
5) 上司が不在で出直してもらうことになったときは，紹介状をコピーさせてもらって預かり上司に渡しておくと言うのがよい。

POINT！
紹介状がある来客への対応

SECRETARY 04　マナー・接遇

↓ 67 ページの続き

●上司の都合で予約客を待たせるとき
予約客が約束の時間通りに来社したのに，上司がまだ会議中であったり，帰社時間が遅れたりした場合には，「あいにく会議が長引いておりまして，大変申し訳ございませんが，10 分ほどお待ちいただけますでしょうか」などと，お客さまを待たせる理由と時間を述べ，待ってもらえるかどうか相手の都合を聞きます。待ってもらえない場合は，お客さまの意向に沿って，伝言を聞く，代理の人に会ってもらう，再度来訪してもらうなどの処置をとります。

5　解答　5)

「解説」
待ってもらったことに対してＡがわびるのは，秘書としては当たり前のこと。この場合，上司の都合によって待ってもらったのであるが，誰の都合でということを言うようなことではない。高橋に代わってというわび方は不適当ということである。

6　解答　5)

「解説」
紹介状は，個人や会社の経歴などを記載して相手に紹介するものである。個人の情報が記載された上司宛ての書面なのだから，中身を見てはいけないしコピーを取ることも不適当。このような場合は，預かるのなら封筒のまま預かって上司に渡すのがよいことになる。

7 次は，秘書Aのお茶の出し方である。中から<u>不適当</u>と思われるものを一つ選びなさい。

1) 上司が奥の席に，来客が入り口に近い席に座っている場合でも，お茶は来客から出すようにしている。
2) お茶をふた付きの茶わんで出すときは，出した後ふたを取って，茶わんの右脇に置くようにしている。
3) お茶を入れ替えるときは，全く口を付けていない人の分も下げて，全員に新しく出すようにしている。
4) コーヒーなどを出すときは，カップの取っ手は，全員右なら右，左なら左にそろえて出すようにしている。
5) 冷たい飲み物が好きと分かっている客にはそれを出すが，上司には事前に確認し，同じものを出さないときがある。

POINT! お茶の出し方

8 秘書Aは，来客（二人）と上司との面談に同席することになった。このような場合，来客と上司には下の図の応接室のどの席に座ってもらい，Aはどこに座るのがよいか。次の中から適当と思われるものを一つ選びなさい。

1) 来客③①　上司④　A②
2) 来客③④　上司⑤　A①
3) 来客⑤③　上司①　A④
4) 来客③④　上司①　A②
5) 来客③①　上司⑤　A②

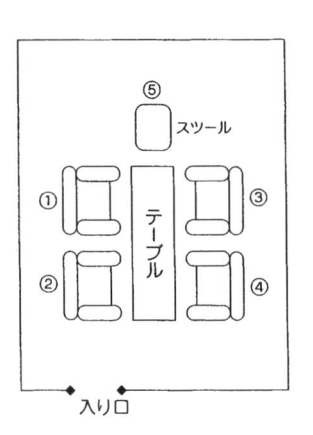

POINT! 応接室で上司に同席するときの秘書の座り方

7 解 答 2)

「解説」
お茶をふた付きの茶わんで出すのは，客がお茶を飲むまで置いておいても，お茶が冷めないようにするためである。従ってふたは，客がお茶を飲むときに自分で取るものである。出した後,出した人がふたを取ってそばに置くなどの出し方は不適当ということである。

8 解 答 4)

「解説」
この応接室の上座は③になるから，来客のうちの上位者に座ってもらうことになる。面談は普通，対面になるから，③の隣の④に来客のうちの下位者が座る。従って，上司が①になり，Aが隣の②になる。

9 次は秘書Ａが上司（山田部長）を訪ねてきた来客の村田氏を応接室に案内したとき行ったことである。中から<u>不適当</u>と思われるものを一つ選びなさい。

1) 応接室の前に来たとき「こちらでございます」と言い，ノックをしてから，ノブを回してドアを開けた。
2) ドアは内開きなのでドアを室外から押さえたまま,「どうぞ」と言って，村田氏に先に入ってもらった。
3) 村田氏に一番奥のソファを勧め,「ただ今山田が参りますので，少々お待ちください」と言った。
4) 応接室を退出するとき，ドアの前で村田氏の方を向いて「失礼いたします」と言って軽く会釈をした。
5) 上司のところへ行って,「お約束の村田様を応接室へご案内いたしました」と伝え，お茶の用意をした。

POINT! 来客を応接室へ案内する

EXERCISE 人間関係と話し方・聞き方

10 次は話し方と人間関係についてＡが考えたことである。中から<u>不適当</u>と思われるものを一つ選びなさい。

1) 相手との人間関係を考えて話さないと，相手の理解を得ることは難しい。
2) 誰とでも同じ話し方をすることが，話す相手と人間関係をよくする秘訣である。
3) 同じ話をしても，相手との人間関係によって受け入れられ方が違うので，注意が必要である。
4) 相手にこちらの話を受け入れてもらうには，相手を否定するような話し方はしないことである。
5) こちらの言葉が少々足りなくても，相手との人間関係がよければ，少しは不足を補って聞いてもらえる。

POINT! 話し方と人間関係

9　解答　2)

「解説」
基本的な案内の仕方は，ドアが内開きの場合，自分が先に入り，室内でドアを押さえながら客に「どうぞ」と言って，室内に招じ入れる。室外からドアを押さえていると，客がその横を通りにくい。

これで合格！ LECTURE

■紹介の仕方
① 地位の上下があるときは，地位の低い人を先に紹介します。これは，上位の人に下位の人の情報を先に伝えるためです。
② 年齢の差があるときは，普通若い人を先に紹介しますが，特別の地位にある人はこの限りではありません。
③ 社外の人を社内の人に引き合わせるときは，社内の人を先に紹介します。
④ 他社を訪れたときは，訪問した方が先に同行者を紹介します。
⑤ 上司や知人に自分の家族を紹介するときは先に自分の家族を紹介します。
⑥ 一人を大勢の人に紹介するときは，まず一人をみんなに紹介します。

LECTURE　人間関係と話し方・聞き方

10　解答　2)

「解説」
人間関係をよくするとは，相手との関係をよくすること。この場合は話し方についてである。人はそれぞれだから，その人に応じた話し方をしないと理解は得られない。誰とでも同じ話し方をするのが人間関係をよくする秘訣というのは不適当ということである。

これで合格！ LECTURE

■言葉はコミュニケーションの手段
● 両面通行の会話が，好ましい人間関係をつくる

■好ましい人間関係をつくる「話し方」
● 話す内容と意味を自分で十分に分かっている。
● 分かりやすい言葉で話す。
● 正しい言葉遣いで話す。
● 具体的に話す。
● 感じのよい話し方をする。

■好ましい人間関係をつくる「聞き方」
● 相手の言うことを素直に聞く。
● 話の要点をつかむ。
● 聞いていることを態度で表す（相づちを打つ）。
● 話の腰を折らない。
● 曖昧な点や分からない点を尋ねる。
● 話し手の真意をつかむ。

11 秘書Aは新人Bから,「私の話し方は感じが悪いと言う人がいるが,どういうことなのだろうか」と聞かれた。そこでAは,Bの話し方で気付いていることを助言として次のように話した。中から不適当と思われるものを一つ選びなさい。

1) もたもたした感じがするので,もっとてきぱきした感じで話したらどうか。
2) 話すときは,相手からなるべく視線を離さないようにした方がよいのではないか。
3) 声が低く明るさが感じられないので,少しトーンを高くした方がよいのではないか。
4) どの人に対してもよそよそしい感じがするので,目下の人には若者言葉で話したらどうか。
5) ぶっきらぼうな感じがするので,相手に話しかけるような話し方を工夫してみたらどうか。

POINT! 感じをよくする話し方

12 秘書Aは,先輩Cが取引先の人から「あなたは話の聞き方がうまいね」と褒められているのを耳にした。次はAが,Cの聞き方がなぜそのように言われたのか考えたことである。中から不適当と思われるものを一つ選びなさい。

1) 相手から話を聞くときは,相手の目を見ながら聞く,聞き方の態度のよさがあるのではないか。
2) 相手の話に同意したときは,話が終わった後で,話はよく分かったと言っているのではないか。
3) 相手が話そうとしていることは,言葉からだけでなく,表情やしぐさなどからも酌み取るようにしているのではないか。
4) 話を聞くときは,細かい言い回しよりも,どのようなことを話そうとしているのか酌み取るようにしているのではないか。
5) 前に聞いた話と同じような話のときは,途中でそのことを伝えて,最後まで話さなくて済むようにしているのではないか。

POINT! 上手な話の聞き方

11 解答　4)

「解説」
よそよそしいというのは，関係が無いものとして相手に関心を示さない様子のこと。そのような話し方では，誰でも感じが悪いと思うのが普通である。直した方がよいが，それは目下の人に若者言葉を使うということではないので不適当。

12 解答　5)

「解説」
人の話を聞くときは，最後まで聞くというのが聞き方の心得。また，相手は何か意図があるのかもしれないし，最後まで同じかどうかは分からない。従って前に聞いたのと同じようだからといって，途中でそれを伝えて最後まで話さなくてもよくするなどは，上手な話の聞き方とはいえず不適当ということである。

13 秘書Aは，上司（部長）が離席中に常務から，「部長と一緒に昼食を取りたいので，都合を聞いておいてもらいたい」という電話を受けた。Aはこのことを，席に戻ってきた上司にどのように言えばよいか。次の中から適当と思われるものを一つ選びなさい。

1)「常務から昼食のお誘いを頂きましたが，お受けいただけますでしょうか」
2)「常務から昼食をご一緒にとのお電話がありましたが，お受けになりますか」
3)「常務からお電話で，昼食をご一緒にとのことですが，ご都合はいかがでしょうか」
4)「常務から昼食にお連れしたいとお声がかかりましたが，ご同行いただけませんでしょうか」
5)「常務が昼食をご一緒に召し上がりたいとのことですが，どのようにお答えいたしましょうか」

POINT! 常務から受けた昼食の誘いの電話の伝え方

EXERCISE 敬語の使い方

14 次は秘書Aが上司（部長）に言ったことである。中から言葉遣いが<u>不適当</u>と思われるものを一つ選びなさい。

1) その書類は，今，本部長が読んでいると言うとき
 「そちらの書類は，ただ今本部長がお読みになっています」
2) （来社した）Y社の山口氏から，この資料を預かったと言うとき
 「Y社の山口様から，こちらの資料をお預かりになりました」
3) 朝から外出していた上司が，1時少し前に戻ってきたとき
 「お帰りなさいませ。お食事はもうお済みでいらっしゃいますか」
4) 指示されたことを調べたので，見てもらいたいと言うとき
 「ご指示のありましたことを調べましたので，お目通しいただけますでしょうか」
5) 予約客（中村）が，予約時刻より早く来たことを伝えたとき
 「中村様がお約束のお時間より早くおみえになりましたが，いかがいたしましょうか」

POINT! いろいろな場面での言葉（敬語）の使い方

13 解答　3)

「解説」
「都合を聞いておいてもらいたい」とのことであるから，昼食に一緒に行けるかどうかを，秘書の立場で上司に尋ねることになる。誘いを「受けるか」などは,尋ね方に偏った感じがある。「ご都合はいかがでしょうか」が適切な尋ね方ということである。

LECTURE　敬語の使い方

14 解答　2)

「解説」
この場合は「Aが,山口氏から資料を預かった」のである。となると言い方は「資料をお預かりいたしました」などが適切ということになる。「資料をお預かりになりました」は尊敬表現で，A（自分）が預かるときには使わないので不適当ということである。

これで合格!

LECTURE

■敬語の作り方
① 敬語には，直接的に相手に敬意を表す「尊敬語」，自分のことをへりくだって間接的に相手に敬意を表す「謙譲語」，表現を丁寧にし,相手に敬意を表す「丁寧語」の3種類があります。
② 普通の動詞に言葉を付け加えて尊敬語や謙譲語に変える形式の他に，敬語用の言葉に置き換えて使う方法もあります。
　例）　する（普通）なさる（尊敬）
　　　　いたす（謙譲）

■間違えやすい職場の敬語
● 尊敬語と謙譲語を混同しない。
● 二重敬語に注意。
● 敬語を使うべきでない対象に注意。
● 社外の人に対して，社内の人への敬語は使わない。
● 上位者に下位者のことを言うときは尊敬語は使わない。

この他にも覚えておきたい「接遇用語」というものがあります。来客との会話では改まった言葉遣いが必要になるからです。
　例）　せっかく来てくれたのに
　　　　　（普通の言葉）
　　　　せっかくおいでくださいましたのに
　　　　　（丁寧な言葉・接遇用語）

15 次は，部長秘書Aの言葉遣いである。中から不適当と思われるものを一つ選びなさい。

POINT!
役職者への言葉遣い

1) 課長に
「部長が，課長に説明してもらいたい，とおっしゃっています」
2) 部長に
「先ほどご自宅から，連絡を頂きたいとのお電話がございました」
3) 常務に
「部長から，常務のご都合をお尋ねするよう申し付かってまいりました」
4) 課長に
「部長が，明日H社の高田部長様のところに伺うとおっしゃっておいででした」
5) 部長に
「課長が，お手隙のときにこちらの資料をご覧いただけますか，とのことでございました」

16 次の，来客に対する言葉遣いの中から，適当と思われるものを一つ選びなさい。

POINT!
来客に対する言葉遣い

1) 誰を呼べばよいかと尋ねるとき，「私どものどなたをお呼びいたしましょうか」
2) 近々来る予定があるかを尋ねるとき，「近々こちらに参られるご予定がおありでしょうか」
3) 帰ってもらいたいと言うとき，「申し訳ございませんが，お引き取りくださいませんでしょうか」
4) わざわざ来てもらったことに礼を言うとき，「ご足労をおかけいたしましてありがとうございます」
5) そのことなら上司（中村）から聞いていると言うとき，「そちらの件でしたら，中村から承っております」

15 解答　4)

「解説」
「伺う」は,「行く・来る」をへりくだって言う謙譲語である。この場合,「部長が行く」ということを課長に言うのだから「伺う」は使えない。「いらっしゃる」などの尊敬表現が適当ということである。

16 解答　3)

「解説」
それぞれ不適当な部分について正しくは, 1)「どなた」は「誰」, 2)「参られる」は「いらっしゃる」, 4)「ありがとうございます」は「申し訳ございません」, 5)「承っております」は「聞いております」, などとなる。

17 次は秘書Aが，上司（部長）に言ったことである。中から言葉遣いが<u>不適当</u>と思われるものを一つ選びなさい。

1) ここに印鑑を押してもらいたいということを
   「こちらにご印を頂きたいのですが」
2) 私が代わりに話を聞いてこようかということを
   「私が代わりにお話を伺ってまいりましょうか」
3) この資料は，部長会議に持っていかなくてよいのかということを
   「こちらの資料は，部長会議にお持ちしなくてよろしいのでしょうか」
4) 暇があったら見てもらえないかということを
   「お時間がおありのようでしたら，お目通しくださいませんでしょうか」
5) 先輩（和田）から聞いたことがあるので，その人のことは知っているということを
   「和田さんからお聞きしておりましたので，そちらの方のお名前は存じ上げております」

POINT! 上司への言葉遣い

18 次は部長秘書Aの，来客に対する言葉遣いである。中から適当と思われるものを一つ選びなさい。

1) 来客に名前を尋ねるとき
   「恐れ入りますが，お名前を頂けませんでしょうか」
2) 上司と面会したいと訪ねてきた不意の客に
   「お会いするかどうか，ただ今確認してまいります」
3) 上司から何か聞いていないかと言われたとき
   「申し訳ございません，私は何も伺っておりません」
4) 天気の悪い中，来訪した客に
   「お足元の悪い中，おいでいただきまして恐縮でございます」
5) その件なら販売部で直接聞いてもらえないかということを
   「そちらの件でしたら，販売部で直接お尋ねしていただけませんでしょうか」

POINT! 来客に対する言葉遣い

17 解 答　3)

「解説」
「お持ちしなくてよろしいのでしょうか」の「お持ちしなくて」が不適当。この言い方ではAが持っていくことになる。部長に持っていくかと聞いているのだから「お持ちにならなくて〜」などが適当ということになる。

18 解 答　4)

「解説」
4）以外の，不適切な言い方とそれの適切な言い方は，1)「頂け〜」は「お聞かせいただけ（ください）〜」,2)「お会いする」は「お会いできる」,3)「伺って」は「聞いて」,5)「お尋ねして」は「お尋ね」などになる。

EXERCISE 　　　報告・説明の仕方

19 次は秘書Aが，上司に報告するときに心がけていることである。中から**不適当**と思われるものを一つ選びなさい。

1) 報告をする前には，今時間はよいかと尋ねるようにしている。
2) 特に急ぐ必要のない報告は，頃合いを見て伝えるようにしている。
3) 報告事項が幾つかあるときは，短いものから先にするようにしている。
4) 報告が終わったら最後に，「以上でございます」と言うようにしている。
5) 報告が終わった後には，何か不明な点はないかと尋ねるようにしている。

POINT! 上司に報告するときの心がけ

20 秘書Aは上司から，明後日取引先に持って行くので明日の夕方までに新人Bに清書させておいてもらいたいと，原稿を渡された。そこでAはBに頼み，翌日の夕方確認したところ，日にちを間違えていたらしく，まだできていないと言う。このような場合，Aは上司に，Bと残業して仕上げると言った後，どのように謝るのがよいか。次の中から**不適当**と思われるものを一つ選びなさい。

1)「私がもっと早くに確認しておけばよかったのですが，大変申し訳ございません」
2)「大変申し訳ございません。今後このようなことがないよう十分注意いたします」
3)「Bさんに頼んだとき，きちんと伝わっているかをよく確認すべきでした。申し訳ございません」
4)「申し訳ございませんでした。私の頼み方もよくなかったようですが，後でBさんからも謝らせます」
5)「Bさんは仕上がりの日にちを間違えていたようですが，私の伝え方が悪かったのだと思います。申し訳ございません」

POINT! 新人に頼んだ仕事が間に合わないときの謝り方

LECTURE 報告・説明の仕方

19 解答 3)

「解説」
報告の中には，上司にとって重要なものや結果を急ぐものもある。事項が複数のときは，どれから先に上司の耳に入れたらよいかを考えてしないといけない。短い順にするというのは不適当。

20 解答 4)

「解説」
新人Bに清書させておいてもらいたい，と指示されたのはAなのだから，できなければAの責任になる。従ってBの聞き方が悪かったとしても，上司に謝るのはAである。それなのにBにも謝らせると言うのは，Aの責任逃れとなり不適当ということである。

これで合格!

LECTURE

■効果的な報告の仕方

1. 事実を報告する
1) 一人合点や憶測の入っている報告は，その後の対応を誤らせる。
2) 意見を求められたときは事実と自分の意見や憶測とをはっきり区別する。

2. 具体的に報告する
1) 報告の内容をまとめるときは，「YTT方式」「5W3Hの原則」を参考にする。
・「YTT方式」Y=結果の報告（過去 Yesterday），T=現状の報告（現在 Today），T=将来の予測（未来 Tomorrow)をキーワードにしたまとめ方。
・「5W3Hの原則」When, Where, Who, Why, What, How の5W1Hに，How Much（幾ら），How many（幾つ）を加えたもの。

3. 表現に気を付ける
「すごく」「非常に」「ひどい」など過激さを表す形容詞や副詞，「絶対に」などの断定の表現は，誤解を招きやすいので避けるようにします。

■分かりやすい説明の仕方

1. 予告をしてから説明に入る
1) 先に概略を説明する。
2) 要点を述べる。
3) 用件の件数を予告するなど。

2. 順序よく説明する
順序の組み立て方として，場所的，時間的，空間的配列および因果関係による配列などの方法があります。

3. 要点を繰り返す
長く，複雑な内容を説明するときは，要点を繰り返すことによって重要箇所を強調します。

21 部長秘書Aが内線電話を取ると本部長からで，部長はいるかということである。Aが，上司は在席していると思っていたので電話を取り次ごうとしたところ，不在だった。このような場合，本部長にどのように言うのがよいか。次の「　」内の下線部分の言葉として，適当と思われるものを一つ選びなさい。

「申し訳ございません。お席にいらっしゃると思っておりましたが，ただ今お席を外していらっしゃいます。＿＿＿＿＿＿＿＿＿＿＿＿＿＿＿」

1) 戻られましたら，すぐにそちらに伺うようお伝えいたします。
2) 戻られましたら，本部長にお電話を差し上げるよう申し伝えます。
3) すぐに戻られると思いますので，このままお待ちいただけますでしょうか。
4) すぐに心当たりを捜しまして，お電話のありましたことをお伝えいたします。
5) 私に何もおっしゃっていませんので，すぐに戻られると思いますが，いかがいたしましょうか。

POINT!
上司が離席中に受けた内線電話への対応

22 次は秘書Aが，他部署の同僚と，「初めて新人秘書に仕事の仕方を教えることになったときに心がけるとよいこと」について話し合ったときに，出た意見である。中から不適当と思われるものを一つ選びなさい。

1) マニュアルは，早めに作って前もって渡しておくようにする。
2) 教えていることは，目の前で自分がやってみせるようにする。
3) 込み入った仕事は，なるべく初めに覚えてもらうようにする。
4) 指示通りにできなくても，能力については触れないようにする。
5) 分からないことは，その場で尋ねやすい雰囲気をつくるようにする。

POINT!
新人に仕事の仕方を教えるときの心がけ

21 解 答　2)

「解説」
本部長からの，部長はいるかという電話への対応なのだから，戻ったら電話するよう伝えるというのが適当。

22 解 答　3)

「解説」
込み入った仕事ができるには経験も必要，それに伴う知識も必要。また，一つのことが幾つもの仕事に関連するからそのことも知っていることが必要になる。このような新人にできるようなことではないことを，初めに覚えてもらうなどは無理なことで，不適当ということである。

EXERCISE 注意・忠告の仕方と受け方

23 次は秘書Aが，後輩に注意するとき気を付けた方がよいこととして，先輩から教えられたことである。中から<u>不適当</u>と思われるものを一つ選びなさい。

1) 注意は，うわさを聞いただけでするようなことをせず，事実を確かめてからすること。
2) ちょっとした注意は人前でもよいが，基本的には，他の人がいる前ではしないのがよい。
3) 悪い点を直すのが注意だから，よい人の例を具体的に出して比較した方が分かってもらいやすい。
4) 注意は，態度が悪いなどというような抽象的な言い方ではなく，なるべく具体的な言い方ですること。
5) 感情的になって注意すると相手も感情的になり，注意の意味がなくなることがあるので気を付けること。

POINT! 後輩に注意するとき気を付けること

24 次は秘書Aが，後輩に注意するときや注意した後に心がけていることである。中から<u>不適当</u>と思われるものを一つ選びなさい。

1) 注意するときは相手の気持ちを考えて，笑顔でするようにしている。
2) 注意したことが改善されたと分かったときは，すぐに褒めるようにしている。
3) 一度注意したことでも改善されていなければ，繰り返し注意するようにしている。
4) 注意したときに相手が不満そうな顔をしたときは，相手の言い分も聞くようにしている。
5) 注意したいことがあったときは，その場ですぐしてよいかを考えてからするようにしている。

POINT! 後輩に注意するときに心がけていること

LECTURE 注意・忠告の仕方と受け方

23　解答　3)

「解説」
注意の仕方にも，よい仕方，よくない仕方がある。よくない仕方の一つに他人と比較して注意することがある。注意は，その人の悪いところだけを直させればよい。他の人と比較すると，その人の人間性にまで触れることになりかねないので不適当ということである。

24　解答　1)

「解説」
注意するのは，相手に改善してもらいたいことがあるからである。何をどうしてもらいたいかを分かりやすく話すのだから，表情も真剣なものになろう。笑顔で話すなどは間違った注意の仕方ということになる。

これで合格!

LECTURE
■**効果的な注意の受け方・仕方**
●**注意を受けるときの基本的な心構え**
①誰が言ったかではなく，何を言われたかを考えます。
②「申し訳ありません」と率直にわびます。
③責任を回避しないようにします。
④注意された内容を冷静に受け止めます。
●**注意をするときの基本的な心構え**
①原因をつかむ，事実関係を確かめるなど，注意するに当たっては十分に下準備をします。
②相手の気持ちを考えながら話します。
③注意した後も，責任を持って相手を見守ります。
④自分の立場をわきまえ，どうすれば相手に受け入れてもらえるか考えます。

25 次は秘書Aが，後輩などに注意するとき配慮した方がよい，と先輩から教えられたことである。中から<u>不適当</u>と思われるものを一つ選びなさい。

1) 仕事がわからなくてのミスか，気が回らなくてのミスかで注意の仕方が違ってくる。
2) うわさを聞いただけで注意をするようなことをせず，事実を確かめてから注意をすること。
3) 小さなミスは見逃しておいて，大きいミスのときだけ注意して，本人によく理解させること。
4) 注意をするときは，「態度が悪い」というような抽象的な言い方でなく，具体的に指摘すること。
5) しこりを残さないように，「注意されたことを改めればよいだけだから，それ以外は気にする必要がない」と言うこと。

POINT! 注意するときに配慮すること

26 秘書Aは上司から注意を受けたが，それは上司の誤解によるものであった。このような場合，Aは上司にどのように対応したらよいか。次の中から適当と思われるものを一つ選びなさい。

1) 注意は注意として受け，誤解であることは上司の同僚などに頼んで話してもらう。
2) 上司からの注意であるから一応受け，その後，誤解されている点を話して納得してもらう。
3) 誤解に基づく注意を受けるのはおかしいので，誤解であることを話して承知してもらう。
4) 上司からの注意であるから，そのまま受け止めておき，別の機会に誤解であることを知らせる。
5) 上司に，この注意は誤解によるものであることを話し，他の人に確かめてもらいたいと言う。

POINT! 上司の誤解による注意を受けた

25 解 答　3)

「解説」
どのようなものでもミスはミスである。大小に関係がない。大きいものだけへの注意は，小さいミスの軽視ということになる。

26 解 答　4)

「解説」
上司の誤解であることを他の人を通じて話すなどはすべきことではない。また，秘書としては上司の対面を考えることも大切なので，取りあえずは受け止めておき，折を見て誤解を解くなど，対応に配慮が必要である。

EXERCISE　説得の仕方と断り方

27 秘書Aは後輩Bから,「同僚と意見が食い違ったとき,どうすれば人間関係にしこりを残さないか」と尋ねられた。次はAがアドバイスしたことである。中から不適当と思われるものを一つ選びなさい。

1) 意見が食い違っても,譲れるものなら自分が譲るようにするのがよい。
2) お互いに主張するのはよいが,相手の自尊心を傷つけるようなことは言わないこと。
3) 双方にそれなりの理由があるはずだから,お互いに納得するまで話し合うのがよい。
4) 意見が食い違ったらそのままにしておいて,後日改めて話し合うのも一つの方法である。
5) どちらにも利害関係のない人に意見を聞いてもらって,どちらが正しいと思うか尋ねるのがよい。

POINT! 同僚と意見が違ったときの話の仕方

28 次は秘書Aが後輩に,上司への依頼を断るとき注意しないといけないこととして指導したことである。中から不適当と思われるものを一つ選びなさい。

1) 相手の話は,途中で断ると分かったとしても,最後まできちんと聞くこと。
2) 断るときは,誤解をされないように,曖昧な言い方をしないではっきり断ること。
3) 断るときは,相手に悪い印象を与えないように,丁寧な言葉遣いや態度を心がけること。
4) 文書にして断る方法もあるが,相手に正確に伝わるよう,文章は上司に考えてもらうこと。
5) 断るには,相手が納得する理由を言わないといけないが,本当のことでなくてもやむを得ない場合もある。

POINT! 上司への依頼を断るときに気を付けること。

SECRETARY 04 マナー・接遇

LECTURE　説得の仕方と断り方

27　解答　5)

「解説」
しこりを残さないとは，お互いの意見が食い違っていても，そのことにはこだわらずに普段通りの付き合いをするということである。そのための基本的な方法は，相手の意見を認めるということになる。どちらの意見が正しいかは関係がないということである。

28　解答　4)

「解説」
断るのが口頭であっても文書であっても，上司の意向がきちんと相手に伝わればよいのである。誰が文章を考えたかは関係がないのだから，秘書が考えて，送付する前に上司に内容を確認してもらえばよいこと。文章を考えるのが上司でないといけないことはないので，不適当ということである。

これで合格！

LECTURE

■説得の仕方と断り方
●説得を成功させるための条件
① 相手の不安を取り除く配慮（心理面，能力面，経済面，物理面）をします。
② タイミングを見計らい，積極的に働きかけます。
③ 繰り返し，時間をかけて説得します。
④ 時には第三者の力も借ります。

●しこりを残さない断り方（逆説得）
① 最後まで相手の話を聞きます。
② 先手を取って，予防線を張ります。
③ 『ノー』をはっきり言います。
④ 断る理由や根拠を示します。
⑤ 代案があればそれを示します。

EXERCISE　　　電話の応対

29 次は秘書Aが，電話応対の仕方について新人に指導したことである。中から**不適当**と思われるものを一つ選びなさい。

1) 電話でお礼を言うときは，お辞儀をしながらすれば，顔は見えないが気持ちを相手に伝えることができる。
2) 電話では自分を先に名乗ってから用件を言うが，伝言をするときは先に相手の名を尋ねてからする方がよい。
3) 電話を受けていて，用件が他部署のことと分かったら，話の途中でも相手に断ってすぐにつなぐようにすること。
4) かかってきた電話を取り次いでいる途中に切れてしまったら，そのままにせず，名指し人にそのことを伝えること。
5) 上司宛ての電話に上司がすぐに出られないときは，どのようにするか尋ねるか，よければこちらからかけ直すと言うとよい。

POINT! 電話応対の仕方を新人に指導

30 次は秘書鈴木が，電話応対のときに心がけていることである。中から**不適当**と思われるものを一つ選びなさい。

1) 上司宛ての伝言を受け終えたときは「私は秘書の鈴木と申します」と名乗るようにしている。
2) 複雑な内容を伝えるときは「内容が込み入っておりますが」などと言ってから，話し始めるようにしている。
3) 電話で伝言を頼むときは「それではお言付けをお願いしたいのですが，よろしいでしょうか」と了解を得ている。
4) 電話で伝言を頼むときは「お名前をお聞かせくださいますか」と相手の名前を尋ねてから，用件を話すようにしている。
5) こちらからかけた電話が途中で切れてしまったときは，すぐにかけ直し「大変失礼いたしました」とわびるようにしている。

POINT! 電話応対のときの心がけ

SECRETARY 04　マナー・接遇

LECTURE
電話の応対

29　解答　2)

「解説」
伝言は，用件を，電話に出た人を介して伝えるものなので，介してくれる人の名を知っておく必要がある。普通は，介してくれる人が，自分が伝えるという意味で名乗る。名乗らなければ後で尋ねればよいこと。尋ねてからする方がよいということではないので不適当ということである。

30　解答　4)

「解説」
電話で伝言を頼むときは，用件を伝えてもらえるかを相手に尋ね，よいということであれば話す。このとき伝言を受けた人が名前を言うのが普通だが，言わなければこちらから尋ねて確認することになる。従って，名前を尋ねてから用件を話すのは不適当となる。

これで合格！

LECTURE

■電話の応対

●電話が聞き取りにくいとき
聞き取りにくいことを相手に伝えた上で，場所や受話器を変えてみる，改めてかけ直すなど対処します。

●上司に取り次ぐとき
① 上司が在席の場合は，相手と用件を確認して取り次ぎます。
② 上司が不在のときは相手に不在を告げ，「ご用件をお伺いできますでしょうか」と伝言を承る旨を申し出ます。
③ 上司が会議中，来客中に緊急で電話を取り次ぐ場合は，用件の概略をメモにして上司に伝えます。口頭での取り次ぎは避けます。

●複雑な内容を説明するとき
電話では要点だけを話し，後は直接会って話すか，あるいは文書にするなど，別の手段を考えます。

●相手の話が要領を得ないとき
「お尋ねの件はこれこれでございますね」など話をまとめる手助けをします。

●間違い電話がかかったとき
「こちらは○○番ですが……」と相手に間違いを気付かせます。

31 秘書Aは上司から,「明日以降,なるべく早くにW社のM部長を訪問したいので,予約をしてもらいたい」と言われた。現在午前9時過ぎ。そこでM部長秘書に電話をすると,確認してから連絡すると言われたが,Aは今日の午前中は席を外すことが多い。このような場合,M部長秘書にどのように言うのがよいか。次の中から不適当と思われるものを一つ選びなさい。

POINT!
電話での訪問予約の返事を受ける

1) 私は席を外していることが多いので,本日の午後にこちらからお電話いたします。
2) 私がおりませんでしたら,同じ部署のFという者にお言付けいただけませんでしょうか,話しておきますので。
3) 私はこの後席を外してしまいますので,お電話を頂けるのでしたら午後にお願いできますでしょうか。
4) 私がおりませんでしたら,電話に出た者にお伝えいただけませんでしょうか。分かるようにしておきますので。
5) 私が不在では申し訳ありませんので,何時ごろおかけいただくかをお決めいただきたいのですがよろしいでしょうか。

EXERCISE　慶事・弔事のマナー

32 秘書Aは上司の代理で,取引先担当者の告別式(仏式)に参列することになった。次は,そのときAが行ったことである。中から不適当と思われるものを一つ選びなさい。

POINT!
告別式への参列の仕方

1) 不祝儀袋は「御霊前」と印刷してあるものを使い,会社名と上司の役職名・氏名を書いて持って行った。
2) 受付で香典を出すとき,受付の人に,上司の代理で来たことと上司が来られない理由を話した。
3) 会葬者芳名録に記帳してもらいたいと言われたので,上司の名前を書きその下に(代)と書いた。
4) 顔見知りの取引先の人に会ったが,会釈だけをして焼香の順番を待った。
5) 帰社してから上司に報告をしたが,そのとき告別式のおおよその印象を付け加えた。

SECRETARY 04　マナー・接遇

31　解答　5)

「解説」
返事はM部長秘書がしてくれると言っている。Aが席を外すことが多いのは仕方のないこと。M部長秘書には関係のないことなので，こちらからかけるか，不在がちでも受けられるようにしておけばよい。こちらで時間を決めさせてもらいたいと言うのは不適当。

LECTURE　慶事・弔事のマナー

32　解答　2)

「解説」
取引先担当者の告別式なので，業務上の会葬になり香典は上司名になる。業務上なので，会社の人なら誰でも代理の役は果たせる。従って名簿に（代）と書けば，代理で来たとか上司が来られない理由を言うことに意味はないということである。

LECTURE

■弔事に関連した秘書業務
関係者の訃報に接したときは，①逝去の日時，死因，②通夜の場所，日時，③葬儀の形式，場所，日時，④喪主の氏名，住所，電話番号をまず確認し，場合によっては，社内からの参列者を確認して上司に報告します。秘書が上司の代理で告別式などに参列する場合は，受付で上司の名前を記帳し，（代）と書き添えます。

■弔事の心得
① 葬式には，仏式，神式，キリスト教式，無宗教式などがあり，それぞれ礼拝の仕方が違います。
② 一般的な仏式の場合，遺族で亡くなった人の冥福を祈る葬儀と，お別れの儀式である告別式があり，普通同じ日に時間帯を分けて行われます。故人と親しい関係にあった人は葬儀から出席します。なお，通夜に出た場合は，告別式に参列できなくても失礼にはなりません。

33 秘書A（女性）は他部署の後輩B（女性）から相談を受けた。「上司の家族に不幸があり，葬儀の受付を手伝うことになった。初めてのことなので，注意しなければいけないことを教えてもらいたい」ということである。次はAがBに教えたことである。中から不適当と思われるものを一つ選びなさい。

1) 顔見知りの人が来ても，葬儀の受付としての立場であいさつをすること。
2) 葬儀を手伝うのだから香典は出す必要はないが，会葬者芳名録への記帳はすること。
3) 服装は黒のワンピースかスーツにして，ストッキングも靴も黒色のものにすること。
4) 受付で受け取った香典は，誰に渡せばよいかを前もって確認しておき，確実に渡すこと。
5) 受付係用のリボンなどが用意されているときは，分かる位置に着け，葬儀が終わるまでは外さないこと。

POINT！
葬儀の受付をするときに注意すること

34 秘書A（女性）は上司から，子息の結婚披露宴の受付をしてもらいたいと頼まれた。当日は仕事関係の人も多数出席するという。このような場合，Aはどのような服装で行うのがよいか。次の中から適当と思われるものを一つ選びなさい。

1) 受付なので，結婚披露宴らしく華やかな振り袖を着るのがよい。
2) 受付が済めば結婚披露宴に出ることになるので，ロングドレスがよい。
3) 結婚披露宴でも，上司から頼まれた仕事なので，オフィスでの普段の服装でよい。
4) 受付は事務的に仕事をしないといけないので，てきぱきと動けるパンツスーツがよい。
5) 結婚披露宴の受付なので，それらしい雰囲気を出すため，コサージュを着けたスーツを着るのがよい。

POINT！
上司から子息の結婚披露宴の受付を頼まれたときの服装

33 解答　2)

「解説」
Bは上司の家の葬儀の手伝いだから，一般の参列者とは違う。が，上司の家なので関係者ということにもなり，手伝いかたがた，お参りもし，会葬者名簿への記帳も香典も供えることになる。手伝いだから香典を出さなくてもよいというのは不適当ということである。

34 解答　5)

「解説」
上司の子息の結婚披露宴を手伝うのである。仕事関係の人も出席するのだから，Aにとっては仕事ということにもなる。とはいっても華やかな場なので，服装はそれに合わせるのがよく，花飾り（コサージュ）を着けたスーツが適当になるということである。

LECTURE

■慶弔時の服装

●結婚式
男性は略礼服かダークスーツに白ネクタイが一般的です。女性は正式にはアフタヌーンドレスかイブニングドレスですが，上司の子女の結婚式などでスタッフとして出席するときは，終了後に職場に戻って仕事をすることもあるので，準礼服や改まったスーツで十分です。

●弔事
遺族，親族などの男性はモーニングですが，一般会葬者は略礼服かダークスーツでいいでしょう。白ワイシャツ，黒ネクタイ，黒靴，黒靴下とします。女性は喪服ないしは光沢のない黒のワンピース，スーツを着用します。靴，靴下，ハンドバッグも黒で統一します。化粧は控えめにし，結婚指輪，パール（一連）以外のアクセサリー類は着けないようにします。

35 次は,お祝いを現金で贈るときの祝儀袋について述べたものである。中から不適当と思われるものを一つ選びなさい。

1) 住所記載欄には,住所を必ず書くこと。
2) 祝儀袋は,贈る金額にふさわしい体裁のものを選ぶ。
3) 贈り主名が長いようなら,株式会社は(株)のように,省略して書いてよい。
4) 贈り主が多人数の場合は,代表者の名前を書き,その左側に「外一同」と書く。
5) 水引きの結びには「ちょう結び」と「結び切り」があり,祝い事によって使い分ける。

POINT! お祝いを現金で贈るときの祝儀袋

36 秘書Aは上司から,「知人の家族に不幸があったが告別式に参列できない。私の名前で弔電を打っておいてもらいたい」と言われた。そこでAは上司に,弔電を打つために次のことを確認した。中から不適当と思われるものを一つ選びなさい。

1) 亡くなったのは誰か。
2) どのような関係の知人か。
3) 弔電の宛先(住所・氏名)。
4) 台紙の種類に希望はあるか。
5) 電文は,電報文例の中のものでよいか。

POINT! 弔電を打つときに確認したこと

35 解答 3)

「解説」
祝儀とは祝いの儀式のことで、格式が重んじられるものである。祝儀袋は、その儀式に対して差し出すものなのだから、省略という考え方はない。儀式のない祝いでも考え方は同じである。従って贈り主名が長くても、正しく書かなければいけないということである。

36 解答 2)

「解説」
知人の家族ということは、上司の個人的な関係の人の家族ということである。となると関係を尋ねるようなことではないので、どのような関係かと確認したのは不適当ということ。

LECTURE

■慶事に関連した秘書業務

上司主催の祝い事には、秘書もスタッフとして加わります。招待状の印刷、発送、当日の受付、控室の準備、車の手配などが主な仕事です。裏方へのご祝儀などの心配りも必要です。招待客が多数の場合は、招待状に整理ナンバーを付けて当日持ってきてもらうなど、受付に用意したリストと素早く照合できるように工夫します。

EXERCISE　　　　贈答のマナー

37 秘書A（女性）は上司との面談で来社した取引先の部長から，帰り間際に「いつもいろいろありがとう。ハンカチのセットだけれど，よかったら使ってもらえるかな。上司には内緒に」と言って，小さな包みを渡された。このような場合Aは，どのように対処したらよいか。次の中から適当と思われるものを一つ選びなさい。

1) 上司に話して了解を取らないと受け取れないと言って待ってもらい，すぐに確認を取りに行く。
2) 気遣ってくれたことに礼を言ってありがたく頂き，上司には内緒とは言われているが，報告する。
3) 秘書として当たり前のことをしているだけなので，頂くわけにはいかないと言って受け取らない。
4) 内緒にはできないので，上司に報告するので承知しておいてもらいたいと言って，礼を言って受け取る。
5) 今回はありがたく頂くが，今後このような気遣いはしないでもらいたいと言って受け取り，上司には黙っている。

POINT! 取引先からお礼の品を頂いた場合の対処

38 次は上書きの言葉と，それが使われるときの組み合わせである。中から**不適当**と思われるものを一つ選びなさい。

1) 贈呈　　　——　人に物を差し上げるとき
2) 祈御全快　——　入院した人に見舞いをするとき
3) 忌明　　　——　仏式で喪の期間が終わること
4) 内祝　　　——　目下の人に少額の謝礼をするとき
5) 薄謝　　　——　世話になった人に謝礼をするとき

POINT! 上書きの言葉の組み合わせ

贈答のマナー

37 解答 2)

「解説」
日ごろの礼といってもAとしては仕事で行っていることで，特に品を贈られることでもないが，ハンカチ程度なので断ることでもない。このような場合はありがたく頂いておいてよいが，上司の来客からのお礼の品なので，上司に報告が必要ということである。

38 解答 4)

「解説」
内祝とは，家内の慶事，または慶事や病気見舞いのお返しのときに使う上書きなので，不適当。目下の人に少額の謝礼をするときの上書きは，「寸志」などになる。

これで合格!

LECTURE

■上書きの書き方

祝い事や弔事の際，現金や品物を贈るときの，のし紙に書く文言を「上書き」といいます。「上書き」は「御祝」「寿」など決まった用語がありますから，贈る趣旨に合わせた，使い分けができるようにしておくことが大切です。

このような贈る趣旨を表す言葉を上半分に，贈り主の名前を中央下部に書きます。連名のときは，右側を一番上位の人にして順に署名します。贈り主の名前は上部の字よりやや小さく，弔事のときは薄墨で書くようにします。

	上書きの用語	適 用 例
弔事	御霊前・御香典・御香料／御仏前	仏式の葬儀・告別式／法要。
	御霊前・御神前・御玉串料・御榊料	神式の葬儀・告別式・霊祭。
	御霊前・御花料・御花輪料	キリスト教式の葬式・追悼・記念式。
	御ミサ料	カトリックの場合の葬儀。
	志・忌明	香典返し。仏式・神式の場合。
	御布施	葬儀や法事で，僧侶に出すお礼。
その他	謝礼・薄謝・寸志	一般のお礼。寸志は祝儀・不祝儀に関係なく，目下の人に謝礼を包むときに使う。
	御見舞・祈御全快	病気・けが・入院したとき。
	御見舞・震災（水害）御見舞・火災（近火，類焼）御見舞	災害や火災などのお見舞。
	記念品・記念品料・御餞別	転勤や送別会のとき。
	粗品	他家訪問のときの手土産。
	御祝儀・御奉納	地域の祭礼への寄付，心付け（チップ）。

39 秘書Aは，上司への贈り物に対して，お返しをするものとしなくてよいものがあることを知った。そこで先輩に，お返しをしなくてよいものには何があるかを尋ねたところ，次のように教えられた。中から不適当と思われるものを一つ選びなさい。

1) 香典返し
2) 入院したときの見舞い
3) 部下からの中元や歳暮
4) 祝賀会などの記念品や土産
5) 就職の紹介をしたときの礼

POINT!
上司の贈り物に対してのお返し

40 次は秘書Aが，お中元を贈るに当たって行ったことである。中から不適当と思われるものを一つ選びなさい。

1) お中元なので，贈り先には7月初めに届くように手配した。
2) 前社長が亡くなり告別式に上司が参列した取引先には，今回のお中元は贈らないことにした。
3) 贈り先一覧表に取引が中止になった会社名があったので，上司に今回はどうするか確認した。
4) 品物は前年と同じものでも失礼ではないと思ったので，上司にそのように話して品物名を言った。
5) デパートから送ったので，品物が届くころを見計らって贈ったことを知らせるあいさつ状を送った。

POINT!
お中元の贈り方

39 解答 2)

「解説」
この場合の「お返し」は，上司が何かの世話をしたり贈り物をしたときのお礼である。お礼に対してまたお礼をする必要はないことになる。入院したときの見舞いは，病状伺いという意味で頂いた贈り物だから，お返しをしなくてよいものにはならないということである。

40 解答 2)

「解説」
「お中元」とは，日ごろお世話になっている礼として贈るものである。前社長が亡くなっても取引があり，礼をする必要があるのなら贈ることになる。従って上司の告別式への参列の有無は，お中元を贈るかどうかには関係のないことなので，このような理由で今回は贈らないというのは不適当である。

EXERCISE 記述問題／マナー・接遇

1 秘書高橋の上司（中村部長）が外出中，取引先のY氏が不意に来訪した。高橋はY氏に直接会うのは初めてである。次の①〜④はこのとき，来訪したY氏に対して秘書高橋が言おうとしたことである。それぞれを，意味を変えずに丁寧な言葉に直して答えなさい。

① わびる言葉。
② 上司は外出していること。
③ 自分を名乗る言葉。
④ よければ上司が戻ったら連絡するが，それでよいか。

2 上書きを書くとき，次のような場合何と書けばよいか。マス目に合わせて漢字で書きなさい。

1) 結婚する同僚に，祝いの現金を贈るときの祝儀袋に　□□

2) 葬儀のときの香典（現金）で，宗教の形式が分からない場合の不祝儀袋に　□□□

3) 講師に，お願いした研修の礼を現金で渡すときの祝儀袋に（「御礼」以外）　□□

3 次の「　」内は秘書Aが，客に対して言おうとしたことである。それぞれを，意味を変えずに丁寧な言葉に直して答えなさい。

1) 上司宛ての伝言を頼まれたとき，
　「分かった。確実に伝えておく」
2) こちらの失敗をわびるとき，
　「不手際があったことを，すまないと思っている」
3) 上司から預かった資料を渡すとき，
　「この資料を渡すように，言い付かっている」
4) 自分には分からないことを尋ねられたとき，
　「私には分からないので，担当の人を呼んでくる」

LECTURE

記述問題／マナー・接遇

1 解答例

① （せっかくおいでくださいましたのに）申し訳ございません。
② あいにく（部長の）中村は外出いたしております。
③ 私は中村の秘書の高橋と申します。
④ よろしければ中村が戻りましたらご連絡を差し上げますが，それでよろしいでしょうか。

2 解答例

1）寿
2）御霊前
3）謝礼・薄謝

3 解答例

1）かしこまりました（承知いたしました）。確かに申し伝えます。
2）不手際がありましたことを（ございましたことを），申し訳なく存じております。
3）こちらの資料をお渡しするように，申し付かっております。
4）私には分かりかねますので，担当の者を呼んでまいります。

4 秘書Aは上司（山田一郎）の指示で，88歳を迎えた上司の恩師への祝いを用意することになった。このような場合，どのような祝儀袋を用いるのがよいか。適切な祝儀袋を一つ選び，1）その記号と，2）上書き（「御祝」以外）を漢字で（　　　）内に答えなさい。

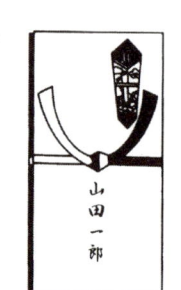

1) (　　　　　)
2) (　　　　　)

5 秘書Aの上司のところへ，不意の来客があった。初めての客である。上司は在席している。このような場合，1）客に確認することを箇条書きで三つ答えなさい。2）上司へどのように対応すればよいかを，簡単に答えなさい。

1) 客に確認すること
   ①
   ②
   ③
2) 上司へどのように対応すればよいか

6 秘書Aの上司が外出中，F社の高橋氏が上司を訪ねてきた。Aが上司は外出中と言うと，「中の資料を見てもらって，今日中にメールで返事をもらいたい」と封筒を渡された。高橋氏のメールアドレスは分かっている。このような場合，Aは外出から戻った上司に，どのように言って封筒を渡すのがよいか。その言葉を答えなさい。

4 解答例

1）A
2）米寿御祝・寿

5 解答例

1）客に確認すること
① 氏名と会社名　② 用件　③ 面談の予約はしてあるか
　以上の他に,「紹介者はいるか（紹介状はあるか）」「名刺をもらえるか」もよい。
2）上司へどのように対応すればよいか
　1）で確認したことを報告し,会うかどうか確認する。

6 解答例

お留守中にF社の高橋様から,こちらの封筒をお預かりいたしました。中の資料をご覧いただいて,本日中にメールでご返事を頂きたいとのことでした。

minimini KEY WORD

ちょっと押さえておきたい用語
「マナー・接遇」

■あいさつ
あいさつは，①ほほ笑みを絶やさない，②相手が年下でも自分から行う，③名指しで行う，④あいさつされたら相手を見て明るく返事を返す，などを心がけて行います。

■イエス・バット法
相手の自尊心を守る肯定的な話し方。内容的に賛成できなくても，いきなり「反対です」と言わず，一応相手の言い分も認めた上で「ところで，これはどうでしょう」と切り出します。

■相づち
相手に快く話してもらい，話の真意をつかむためには，真面目に聞いている態度を示す必要があります。それには，タイミングよく相づちを打つことが効果的な方法だといえます。

■敬語を使うべきでない場合
①動物や自然現象「風がお吹きになる」「犬が鳴かれる」②外国語・外来語「おジュース，おコップ」などは，敬語表現をしません。

■低い程度の尊敬語
部長に課長のことを言うような場合は，課長にも敬意を払いつつ部長にはそれ以上の敬意を払います。そのため課長の行為には「れる，られる」の低い程度の尊敬語を使います。

■「お召しになる」は二重敬語？
「召す」自体が「着る」という意味の尊敬語なので，「お召しになる」は二重敬語ということになりますが，慣用的に定着している言葉であり，誤用ではありません。

■注意の受け方
注意は，失敗や間違いを自分のために正してくれるものだから，真摯に受け止めなければならない。

■伝言
上司の不在時に，上司宛てにかかってきた電話や来客の用件などを伝える際には，5W3Hの要領で用件の内容を正確に把握し，簡潔に伝えることが大切です。

■客を覚える
一度来た客については，その会社名・名前・肩書などを正しく覚えることが大切です。2度目に来たときに「○○様でいらっしゃいますね」と言われれば，客は好意を持つものです。

■来客応対
好ましい人間関係をつくるためにも最良の応対を行います。そのためには，どのような客に対しても，誠意，公平，正確，迅速をもって接することが大切です。

■席次（乗用車）
乗用車では，運転手の後ろが最上席，助手席が最下位になります。ただし，オーナードライバーの車ではドライバーに敬意を表して，助手席に座ることもあります。

■賀寿
長寿を祝うことで，節目の年齢（数え年）としては，還暦（満60歳），古希（70歳），喜寿（77歳），傘寿（80歳），米寿（88歳），卒寿（90歳），白寿（99歳）などがあります。

■告別式
神式と仏式の葬儀後に行う儀式で，故人との最後の別れです。一般の人の参列は告別式からですが，通夜に出席した場合は，参列しなくても失礼には当たらないとされています。

■水引の色
慶事には紅白・金銀・金紅，弔事には白黒・双白・双銀などを用い，いずれも濃い色（紅，金，黒）を右に置きます。

■御車代
遠方から来てくれた人に，交通費の名目で謝礼を包むときに使う上書きです。

SECRETARY 05

技能

実技編

各問いの『解答』は,印刷の濃さを薄くし,
目に入ることで考える妨げにならないよう配慮してあります。

EXERCISE　　　　会議に関する仕事

1 次は会議に関する用語とその説明の組み合わせである。中から不適当と思われるものを一つ選びなさい。

1) 定足数　＝　会議成立に必要な最低人数のこと。
2) 動議　　＝　会議中に，予定外の議題を出すこと。
3) 採択　　＝　議案や意見などを，正式に採り上げること。
4) 議決権　＝　会議に出席して，議決に参加する権利のこと。
5) 付議　　＝　一定の機関や有識者に対し，ある問題について意見を尋ね求めること。

POINT! 会議に関する用語とその説明

2 秘書Aの上司は，K地区の代理店数社の担当者を招き上司主催の会議を開いた。次は，このときAが行ったことである。中から不適当と思われるものを一つ選びなさい。

1) 会議資料は，会議の始まる前にそれぞれの席のテーブルに配布しておいた。
2) 開始時刻直前になっても来ていない出席予定者には，電話で確認の連絡をした。
3) 今回初参加の代理店の担当者には，開始時刻前に他の出席者のところへ連れて行き，紹介した。
4) 遅れてきた人の案内をするとき，会議室の後方のドアをノックしないで開けた。
5) 会議中の出席者への電話は，急ぎかそうでないかを尋ね，先方の意向によって取り次ぐかどうかを決めた。

POINT! 上司主催の会議で担当すること

3 次は総務部長秘書Aが，社員研修を依頼している社外講師との打ち合わせのときに確認したことである。中から不適当と思われるものを一つ選びなさい。

1) 講師の紹介文のモデルがあるか。
2) 資料の予備は用意しておいた方がよいか。
3) 特にこちらで準備しておくものはあるか。
4) 会場の机のレイアウトはどのようにするか。
5) 資料の配布の仕方に気を付けることはあるか。

POINT! 研修の社外講師に確認したこと。

SECRETARY 05　技能

LECTURE　会議に関する仕事

1　解答　5)

「解説」
「付議」とは,会議にかけることをいう。5)の説明は「諮問(しもん)」についてなので,組み合わせとして不適当ということである。

2　解答　3)

「解説」
初参加なのだから,誰であるかを出席者がお互いに知ることは必要ではあろう。が,このようなことは,必要なら当事者同士で直接行うか,開始時に議長が紹介するなどすることである。秘書であるAが,他の出席者のところに連れて行って紹介するというのは不適当ということである。

3　解答　2)

「解説」
資料の予備とは,急に必要になったときのために参加者の数以外に,余分に用意しておく資料のこと。従って今回の研修予定者数や前例を参考にして,Aの側で適宜用意すればよいもの。用意した方がよいかなどと講師に確認することではないので不適当ということである。

これで合格!

LECTURE

■会議の目的と形式
① 出席者相互のコミュニケーションを図る場。
② 情報伝達,意見交換,アイデアの収集,合意に基づいた意思決定の場。
③ 会議用語としては,招集,議案,提案,動議,採決,諮問・答申,分科会など。
④ 公開の会議としては,パネル・ディスカッション,シンポジウム,フォーラム,バズ・セッションなど。
⑤ 非公開の会議としては,連絡会議,諮問答申会議,意思決定会議,アイデア会議,研究会議,研修会議など。
⑥ 株式会社の重要会議として,株主総会,取締役会,常務会など。

■会議の設営
① 人数,会議の目的,会場の広さなどに応じた座席の配置をします。参加人数が少ない場合は,フリートーキングしやすいように円卓式かロの字形がよく用いられます。
② 人数が多い場合は教室式(議事式)にします。この他にもVの字形,コの字形などがあります。座席の配置が決まったら必要な備品をセットします。

LECTURE

■会議の開催案内
① 会議開催の連絡方法には,文書・電話・口頭・社内メールなどがあります。社内の場合は電話,社内メールや簡単な文書で通知しますが,社外の場合は案内状を出します。期限は約1カ月前が目安です。
② 案内状には会議の名称,議題(開催の趣旨),開催場所(地図,電話などを別紙で添える),出欠の連絡方法と締切日,主催者と連絡先(担当者名も)を記入します。さらに駐車場の有無,食事を出すときはその旨,また資料や注意事項なども書き添えます。

4 次は秘書Aが、社外の人が出席する会議の当日、始まるまでに行ったことである。中から不適当と思われるものを一つ選びなさい。

1) 欠席の連絡が入ったので、その人の机上札を外して席を詰めた。
2) 上司に、出席者の集まりがよくないが、開始時刻は予定通りかと尋ねた。
3) 出席者から遅刻の電話が入ったので、どのくらい遅れそうかを尋ね、上司に報告した。
4) まだ準備をしているときにやって来た出席者に、準備が終わるころに来てもらいたいと言った。
5) S氏から新製品のパンフレットをもらいたいと連絡を受けていたので、封筒に入れたものを渡した。

POINT! 社外の人が出席する会議で行ったこと

5 秘書Aの上司（営業本部長）主催で、営業所長会議が行われた。次はそのときAが行ったことである。中から不適当と思われるものを一つ選びなさい。

1) 会議の開始前に、席で資料を読んでいるB所長に伝えることがあったので、口頭で伝えた。
2) C所長からAに、交通機関の遅れで遅刻すると電話が入ったので、どのくらい遅れそうかを尋ねて上司に報告した。
3) 遅れてきたD所長が前のドアから入ろうとしたので、呼び止めて後ろのドアに案内してノックしないで開け、入ってもらった。
4) E所長に急用の電話が入ったとき、E所長だけでなく、議長である上司にもメモで知らせた。
5) 会議室から出てきたF所長が、仕事の都合でこれで退席すると言ったので、後で配る予定だった資料を渡した。

POINT! 上司主催の会議で行ったこと

4 解 答　4)

「解説」
出席者が，準備中に来ることはある。交通機関やその人の都合でやむを得ないことである。このような場合は，他の待てる場所を案内するか，準備中と断って会場内の差し支えない所で待ってもらうかになる。準備が終わるころに来てなどと言うのは不適当ということである。

5 解 答　4)

「解説」
会議中，出席者に急用の電話が入ったということなら，その本人にだけ知らせればよいことである。議長は会議の進行責任者ではあるが，会議の進行に参加者個人の電話は関係がない。知らせるのは不適当ということである。

LECTURE

■会議に関する仕事

1. 出欠調べ
あらかじめ出席予定者の一覧表を作成し，会場で出欠をとり，出欠状況を上司に報告します。

2. 会議中の電話
上司と事前に相談し，取り次ぎはどうするかを決めておきますが，緊急度，重要度によっては，その場で秘書が判断します。

3. 会議場の管理
会議場の冷暖房，換気，騒音などの配慮，調節をします。また関係者以外の部屋の出入りのチェックや，預かった持ち物の保管も行います。

4. 接待
会議中の飲み物や食事のサービスも仕事です。長時間にわたる会議の場合，頃合いを見計らって飲み物を出します。食事は，予定時間にきちんとサービスできるように事前の準備をしておきます。

5. 会議の後始末
会議が終わったら出席者を送り出して（場合によっては車の手配），後始末をします。

6 秘書Aは，社内会議の議事録を作成するに当たり，会議の「日時」「名称」「議題」「場所」などの他に，次のことを記載した。中から不適当と思われるものを一つ選びなさい。

1) 議長名
2) 決定事項
3) 出席者席順
4) 議事録作成者名
5) 発言者と発言の要旨

POINT!
社内会議の議事録作成に必要な記載事項

EXERCISE 社内文書

7 次は，社内文書の書き方について述べたものである。中から適当と思われるものを一つ選びなさい。

1) 発信日には，年月日と曜日を書くのがよい。
2) 1文書に書く用件の数は，一つにするのがよい。
3) 受信者名には，職名のほか氏名も書くのがよい。
4) 受信者と発信者の職位は，同格でなければいけない。
5) 上位者に宛てる場合には，頭語と結語を書くのがよい。

POINT!
社内文書の書き方

8 次は社内文書を作成するときの注意である。中から適当と思われるものを一つ選びなさい。

1) 社内の全ての文書は文書番号を付ける。
2) 担当者名は「以上」を書いてから書くのがよい。
3) 重要文書の受発信者名は，職名だけでなく，氏名も書く。
4) 丁寧な表現は控えめにして，文体は「である」を用いる。
5) フォーム化しない方が，自由な発想で書けて能率的である。

POINT!
社内文書の作成で注意すること

6 解答 3)

「解説」
議事録に出席者名（出席者数、欠席者名）は記載するが、その席順までは記載する必要はない。

LECTURE

■議事録の作成
1. 公式の議事録
株主総会などの議事録は会社法で作成が義務付けられています。
2. 略式の議事録
社内での簡単な会議の場合は、メモをもとに作成し、上司にチェックしてもらった上でまとめます。社外秘の事項については内容が漏れないようにするのも仕事です。

LECTURE　　社内文書

7 解答 2)

「解説」
1文書1件が原則。文書には分かりやすくするため、一般的に標題を書く。標題は、簡単ではあるが文書の内容を表しているものであるから、一つの標題の中に、二つの文書は書けない。

8 解答 2)

「解説」
1) 簡易な文書は文書番号を付けない。3) 社内文書では、内容の重要性にかかわらず、職名だけでよい。4) 文体は、特殊なものを除いて「です・ます」体である。5) フォーム化した方が能率的である。

LECTURE

■社内文書の作成
① 社内文書は簡潔さが優先されます。頭語・結語・あいさつ文は不要。
② 社内規定など不特定者に宛てる文書に「である」体を使う以外は、大抵の文書は「です・ます」体。標題を付け、その末尾に（　）で文書の性質を表す言葉を入れます。文書の最終行の行末に「以上」と記します。
③ 受信者、発信者ともに個人名でなく職名で記します。
④ 横書きにし、発信年月日を入れます。
⑤ 社内文書の種類には通知文、案内文、稟議書、報告書などがあります。
⑥ 文書作成は、ほとんどパソコンなどのOA機器で行われます。
⑦ 入力ミスのないように注意するとともに、入力が終わったら必ず読み直し、誤字脱字がないかチェックする必要があります。

9 次は，文書の名称とその説明の組み合わせである。中から不適当と思われるものを一つ選びなさい。

1) 趣意書 ＝ そのことの目的や，考え方を述べた文書
2) 始末書 ＝ 過失や事故をわびるために，いきさつを報告する文書
3) 念　書 ＝ 間違いがないか，念を入れて調べたということを証明する文書
4) 稟議書 ＝ 作成した案を関係者や上司に回して，決裁を受けるための文書
5) 委任状 ＝ ある事柄を，他人に代行してもらうことを意思表示するための文書

POINT!
社内文書の名称とその説明

10 秘書Aは上司（営業部長）から，明後日の課長会議の開始時間を変更したいので，課長たちに知らせておいてもらいたいと指示された。そこでAは，各課長にメールで知らせることにした。次はこのときAが行おうとしたことである。中から不適当と思われるものを一つ選びなさい。

1) C課長は今日は休暇中で，明日から出社することになっているので明日送信することにしよう。
2) D課長は欠席と聞いていたので，そのことは了承済みと書き添えて，一応知らせておくと送信しよう。
3) E課長はメールをあまり見ない人だと聞いていたので，メールだけでなく電話でも知らせておこう。
4) F課長は今から上司と面談することになっているので，姿が見えたら知らせようと思うが送信もしておこう。
5) G課長は遅れて出席すると聞いていたので，開始時間が変更になるがいかがでしょうか，と書き添えて送信しよう。

POINT!
会議の開始時間をメールで知らせる

9 解答　3)

「解説」
「念書」とは，約束事などをしたとき，後日の証拠のため，念のため文書にしてお互いに持っているもののことである。

10 解答　1)

「解説」
メールは，こちらの都合で送信しておけば，相手は自分の都合のよいときに読むというものである。従って開始時間の変更メールは，上司から指示を受けた時点で他の人と同様に送っておけば，改めて送る手間が省けてよい。C課長は明日から出社することになっているからと，明日送信するのは不適当ということである。

EXERCISE 社外文書

11 次は，手紙の慣用語とそれを普通の言い方に直したものとの組み合わせである。中から不適当と思われるものを一つ選びなさい。

1) ご容赦ください ── お許しください
2) ご休心ください ── 安心してください
3) ご自愛ください ── お体にお気を付けください
4) ご放念ください ── 心配なさらないでください
5) ご査収ください ── つまらない物ですがお受け取りください

POINT!
手紙の慣用語と意味の組み合わせ

12 次は手紙の前文で用いるあいさつの言葉である。中から下線部分が不適当と思われるものを一つ選びなさい。

1) 貴社ますます<u>ご発展</u>のこととお喜び申し上げます。
2) 貴会ますます<u>ご清祥</u>のこととお喜び申し上げます。
3) 貴校ますます<u>ご盛栄</u>のこととお喜び申し上げます。
4) 貴店ますます<u>ご繁栄</u>のこととお喜び申し上げます。
5) 貴殿ますます<u>ご健勝</u>のこととお喜び申し上げます。

POINT!
手紙の前文で用いるあいさつの言葉

13 秘書Aは新人秘書Bから，社交文書について注意した方がよい点があったら教えてもらいたいと言われた。次はそのときAが言ったことである。中から不適当と思われるものを一つ選びなさい。

1) 祝い状や見舞状などには，文書番号や件名は書かない。
2) 秘書が上司の代筆をしたものでも，代筆者名は書かない。
3) 悔やみ状は，深く弔意を表すために前文を丁寧に書くのがよい。
4) 礼状は，相手やその内容によって，はがきと封書を使い分ける。
5) 役員交代のあいさつ状など格式を重んじる文書には，句読点は打たなくてもよい。

POINT!
社交文書について注意すること

LECTURE

社外文書

11 解答 5)

「解説」
「ご査収ください」とは，書類などを送るときに「お確かめの上お受け取りください」という意味である。「つまらない物ですが〜」と言いたいときは「ご笑納ください」などになる。

12 解答 2)

「解説」
「ご清祥」とは，相手が健康で幸福に暮らしていることを喜ぶという意味で用いる言葉である。従って個人宛ての手紙に使うもので，貴会などの団体宛ての手紙には不適当ということである。

13 解答 3)

「解説」
前文というのは，用件に入る前のあいさつである。悔やみ状は手紙の性格上，あいさつなどは抜きにして何をおいてもまずお悔やみを述べることになる。従って前文を丁寧に書くというのは不適当ということである。

これで合格!

LECTURE

■ 社外文書の作成
- 用紙はA4判が一般的。パソコンなどで仕上げる。
- 文例集などが既にできている企業もある。一般的な書式に従う。
- 社外文書で使われる慣用句や文書用語を整理して覚える必要がある。

例）（時候） 冬
　　（あいさつ文）
　　　　寒さ厳しゅうございますが
　　　　厳寒の候

- 上司の社交文書の代筆や原稿を書くこともある。

■ 社交文書の種類
①慶弔状　②礼状　③見舞状　④案内・招待状　⑤あいさつ状　⑥紹介状　など

14 秘書Aは上司（部長）から，「取引先M社の山田常務のご家族が亡くなったので，弔電を打ってもらいたい。電文は一般的なものでよい」と指示された。山田常務は上司の友人でもある。次はAが弔電を打つに当たって行ったことである。中から不適当と思われるものを一つ選びなさい。

1) M社に，通夜，告別式の日時と場所を確認した。
2) 上司に，台紙の希望があるかどうかを確認した。
3) 上司に，亡くなった方と山田常務の続柄を確認した。
4) 上司に，通夜と告別式のどちらへ打ったらよいか確認した。
5) 上司に，発信者（部長）の社名や肩書をどうするか尋ねた。

POINT! 取引先の家族が亡くなったときの弔電

EXERCISE　グラフ

15 次の統計をグラフ化するのに，不適当な組み合わせと思われるものを一つ選びなさい。

1) 新入社員の各課男女配属数 ── 棒グラフ
2) 令和〇年度の社員の意識調査 ── 帯グラフ
3) 令和〇年度の製品別売上高構成比率 ── 帯グラフ
4) 令和〇年度の部署別時間外手当額 ── 棒グラフ
5) M製品の令和〇年月別売上高伸び率の変化 ── 折れ線グラフ

POINT! 統計を何グラフで作成するか

EXERCISE　文書の取り扱い

16 次は秘書Aが，上司宛ての郵便物を受け取ったときの処理である。中から不適当と思われるものを一つ選びなさい。

1) 簡易書留は受信簿に記入してから，開封しないで上司に渡した。
2) 宛て名が上司名になっていたが，担当者は別にいるので担当者に渡した。
3) 「至急」と書かれた封筒だったので，開封しないですぐに上司に渡した。
4) 「親展」と書かれた普通郵便だったので，受信簿には記録せず開封しないで上司に渡した。
5) 会社の封筒だったが，裏に個人の住所と氏名が書かれていたので，開封しないで上司に渡した。

POINT! 上司宛ての郵便物の処理

SECRETARY 05　技能

14　解答　4)

「解説」
弔電とは遺族に弔意を伝えるためのものであるから、どこへいつ打ってもよいことになる。が、葬式によっては、その場で弔電を披露することがあるので、なるべく早く打つのがよいことになる。どちらへ打つかなどは確認するようなことではないということである。

LECTURE　グラフ

15　解答　2)

「解説」
意識調査をグラフ化するときはふつう「円グラフ」を使用する。

LECTURE　文書の取り扱い

16　解答　3)

「解説」
上司宛ての郵便物には、秘書が開封してもよいものとよくないものがある。開封しないものとしては、書留・親展・差出人が個人と思われるもの・業務用の文書か私信か分からないものなど。「至急」とは急ぎという意味なので、開封しても差し支えがない。開封しないで上司に渡すというのは不適当ということである。

これで合格!

LECTURE

■グラフとメモ
● 棒グラフ、円グラフ、折れ線グラフ、帯グラフの使い分け方とその書き方をマスターしておく。
● メモは憶測や勝手な判断を入れず正確に書くのが原則。5W3Hを押さえる。

これで合格!

LECTURE

■文書の受信事務
まず、上司宛ての文書は開封してよいものといけないものに分けます。「親展」「書留」「私信」「秘」扱い以外の文書は開封しても構いません。開封したら次のことに注意します。
① 重要・緊急のものは区別します。
② 文書は封筒と一緒にクリップで留め、重要・緊急書類を上にして上司に渡します。
③ ダイレクトメールなど、必要外のものは捨てるか直接担当者に渡します。
④ 請求書の精算など内容をチェックします。
⑤ 必要資料を添えたり、文書の要点をメモしたりします。

17 次は秘書Aが,郵便物の送付に関して行っていることである。中から<u>不適当</u>と思われるものを一つ選びなさい。

1) 切手は何枚も貼らないで,なるべく1枚で済むようにしている。
2) ゆうメールは,ポストに入らない大きさ以外は,ポストに入れている。
3) 栄転,開業などの祝い状を送るときのために,慶祝用の切手を用意している。
4) 小切手や商品券は現金と同じ価値があるので,送るときは「現金書留」にしている。
5) 取引先に一斉に出す通知状などは,切手を貼る手間を省くため,料金別納郵便にしている。

POINT!
郵便物の送付に関して行っていること

18 秘書Aは上司から,「顧客600人を対象にアンケート調査を行うが,回収率は10％程度と予想されるので,経済的な返送方法で回収してもらいたい」と指示された。このような場合,アンケート用紙を郵送するとき返信用封筒はどのようにするのがよいか。次の中から適当と思われるものを一つ選びなさい。

1) 110円切手を貼った封筒を入れる。
2) 料金後納郵便の印を押した封筒を入れる。
3) 料金別納郵便の印を押した封筒を入れる。
4) 切手を貼らない封筒と110円切手を入れる。
5) 料金受取人払の手続きをした封筒を入れる。

POINT!
アンケート用紙を返送してもらう場合の方法

17 解答 4)

「解説」
「現金書留」は現金を送るときに使うもの。小切手や商品券を送るときは一般書留にする。

18 解答 5)

「解説」
「料金受取人払」は，郵便の受取人が料金を支払う郵便である。従って受け取った郵便物の数だけの料金と手数料を払えばよいので，この場合最も経済的な返送方法。

これで合格!

LECTURE

■郵便とその他の発送手段

郵便の他に，宅配便，航空便，バイク便などの運送サービスがあります。緊急度とコストのバランスを考えて利用できるよう，普段から把握しておく必要があります。

1．郵便の種類
1) 郵便小包
ゆうパックやゆうメールがあります。急ぎのときは，速達や新特急郵便（地域限定）などを利用します。

2) 重要なものを郵送する場合
簡易書留，一般書留，現金書留などで送ります。現金書留には手紙も同封できます。さらに,引受時刻証明,配達証明,内容証明などの手続きをとることもできます。

3) 大量発送の場合
切手を貼る手間を省いたり，料金割引など便利なシステムがあります。
①料金別納　②料金後納　③区分郵便物　④料金受取人払　など

19 秘書Aは新人Bに,「秘」扱い文書の郵送について教えることになった。次はAが教えたことである。中から不適当と思われるものを一つ選びなさい。

1) 文書の表に,赤で「秘」の印を押し,封筒に入れて封をする。
2) 別の封筒に宛て名と「重要」という文字を書き,それに入れて封をする。
3) 送る方法は,安全のために簡易書留にする。
4) 送ったことを,相手に連絡する。
5) 文書発信簿に,簡易書留発送の控えを貼っておく。

POINT! 「秘」文書の郵送の仕方

20 秘書Aの上司(部長)が外出中,T部長秘書Cが封筒に入った書類を持ってきた。封筒には「親展」の印が押してある。このような場合Aは,上司は外出中と言った後どのように対処するのがよいか。次の中から適当と思われるものを一つ選びなさい。

1) 受け取って,そのまま自分の机の引き出しに入れておき,上司が戻ったら渡す。
2) 受け取って,急ぎの書類かどうか開封して確かめてから,上司の机上に置いておく。
3) Cに,上司が戻ったら連絡するので直接渡してもらいたいと言って,持ち帰ってもらう。
4) 受け取って,T部長に電話で,上司は外出していることと自分が預かっておくことを報告する。
5) 受け取って,上司の机の引き出しに入れておき,そのことを書いたメモを上司の机上に置いておく。

POINT! 上司が外出中に持ってきた親展書類の扱い

19 解答　2)

「解説」
秘扱い文書は人に読まれては困るものである。本人に開封してもらいたい場合は「親展」と書かないといけない。「重要」と書いても他の人に見られては困るということにならないので、不適当ということである。

20 解答　1)

「解説」
書類は上司が外出中なので預かることになる。が，封筒には「親展」の印が押してある。親展とは，名宛て人が自身で開封してもらいたいという意味なので，Aが中を確かめるようなことはできない。そのまましまっておいて，上司が戻ったら渡すのがよいということ。

これで合格！

LECTURE

■「秘」文書の取り扱い

仕事柄「秘」文書を扱う機会も多くなります。そのとき大切なのは，当事者以外の人に「秘」文書だと悟らせないことです。

① 人目につく場所に放置しないようにします。席を外すときなどは必ず引き出しにしまいます。
② 持ち歩くときは封筒に入れ，本人に渡す際には，文書受渡簿に記入し受領印をもらうこともあります。
③ 郵送の場合は封筒を二重にし，内側の封筒に「秘」の印を押します。「親展」と表示し書留扱いにすると確実です。
④ 保管は，鍵のかかる場所が望ましいものです。ファイルするときは，一般文書とは別に金庫や耐火キャビネットを使います。
⑤ 破棄する場合は，シュレッダーにかけます。ごみ箱などにそのまま捨てないようにします。

EXERCISE　ファイリング

21 次はカタログ整理について述べたものである。中から不適当と思われるものを一つ選びなさい。

1) 特に厚みのあるカタログは，書棚に立てて保管してもよい。
2) カタログ整理は，ハンギングフォルダーを使うのが一般的である。
3) カタログを整理するときは，会社別より製品別にまとめる方がよい。
4) 総合カタログは，バックナンバーを保管しておくと，比較ができて便利でよい。
5) カタログは担当者名や追加事項などを書き込むなど，利用しやすくするとよい。

POINT! カタログ整理の仕方

22 次はファイリング用品の用語とその説明の組み合わせである。中から不適当と思われるものを一つ選びなさい。

1) デスクトレー　　　　＝　書類を一時的に入れておくための浅い箱
2) 持ち出しフォルダー　＝　ファイルを持ち出すときなどに使うフォルダー
3) ガイド　　　　　　　＝　タイトルを書いてフォルダーの山に貼る見出し紙
4) ハンギングフォルダー＝　上辺の両側から出た突起で枠につり下げられるフォルダー
5) キャビネット　　　　＝　フォルダーをまとめて収納しておく金属性のタンスのようなもの

POINT! ファイリング用語とその説明の組み合わせ

23 秘書Aは新人Bから，「文書を集中管理して，部内の共有キャビネットに収納しているのは何のためか」と尋ねられた。次はこのときAが答えたことである。中から不適当と思われるものを一つ選びなさい。

1) 文書の私物化を防ぐため。
2) 不要になった文書を捨てやすくするため。
3) 必要な文書をすぐに取り出せるようにするため。
4) 文書の保管を効率化してスペースを作り，オフィスをより有効活用するため。
5) 貸し出しガイドを使用するので，誰がその文書をよく使うかが把握できるため。

POINT! 文書を集中管理する理由

SECRETARY 05　技能

LECTURE　ファイリング

21　解答　4)

「解説」
「総合カタログ」とは，その会社で販売している製品全てをまとめたものである。カタログは，製品別でも総合カタログでも，最新のものがあれば十分である。

22　解答　3)

「解説」
「ガイド」とは，キャビネットに立てて並べたフォルダーを区切り，そのグループの見出しの役をする厚紙のこと。

23　解答　5)

「解説」
保管文書を取り出して使うのは，仕事がその文書に関係あるので必要であるとか，その文書を参考にするなどのため。要は必要な人が使うということである。誰がその文書をよく使うかは把握しても意味がないので，文書をこのように管理していることの理由にはならず不適当ということである。

これで合格！

LECTURE

■ファイリング

1. ファイルのまとめ方

1) 相手先別整理
相手先別に1冊のファイルにまとめます。手紙のような通信文書のまとめ方に，最も適しています。

2) 主題別整理
テーマごとに分類する方法です。

3) 標題別整理
帳票化された伝票や報告書を，「注文書」などの標題をそのままタイトルにしてまとめます。

4) 一件別整理
特定の取り引きや行事など件別に書類をまとめます。

5) 形式別整理
文書量が少ないとき，「礼状」「カタログ」「通知文」など文書の形式をタイトルとしてまとめます。

2. ファイルの作り方

まとめた文書は，フォルダーに挟んでキャビネットの引き出しに立てて保管します。一定の基準によって分類し，順序立てて並べます。

1) 個別フォルダー
ファイルには必ずタイトルを付けます。検索を簡単にするには，大見出し，小見出しの役目となる第1ガイドと第2ガイドを付けます。

2) 雑フォルダー
数の少ないファイルは雑フォルダーの中に入れます。

● 他の部門に貸し出すことも考えて，貸し出し用のガイドを作っておく。
● 利用価値の少なくなった文書などは，保管場所を移動する。

EXERCISE   資料管理

24 秘書Aは，上司がもらった名刺の整理を人名の五十音順で名刺整理箱で行っている。次は，最近行ったことである。中から不適当と思われるものを一つ選びなさい。

1) 同じ人の名刺だが，肩書の違う名刺が2枚あったので，古い方の1枚は破棄した。
2) 個人で所属している趣味の会でもらった名刺だったが，仕事上のものと同じ整理箱に入れた。
3) 取引先担当者の姓が中村から武田になったので，名刺を訂正し，「タ」のガイドのすぐ後ろに入れた。
4) 新任のあいさつで来社した小川氏の名刺を整理箱に入れるとき，「オ」のガイドのすぐ後ろに入れた。
5) 名刺整理箱がいっぱいになったので，取りあえず「ナ」のガイドから後ろの名刺を二つ目の箱に移した。

POINT! 人名五十音順

25 次は秘書Aが，上司の指示で社内の部署へ取りに行った資料と，その部署の組み合わせである。中から不適当と思われるものを一つ選びなさい。

1) 株主名簿　　　　　　―― 総務部
2) 資材購入先一覧　　　―― 仕入部
3) 製品Kの売上状況　　 ―― 宣伝部
4) 市場調査の報告書　　―― 企画部
5) 非正規社員の雇用状況 ―― 人事部

POINT! 資料をどの部署へ取りに行くか

SECRETARY 05　技能

LECTURE

資料管理

24　解答　2)

「解説」
個人で所属の趣味の会でもらった名刺なので、個人的（私的）なものということになる。個人的な名刺と仕事上の名刺は別にして管理する。仕事上のものと同じ名刺箱に入れたのは不適当ということである。

25　解答　3)

「解説」
製品の売上状況は、販売の業務を行っている部署で知ることができる。従ってこの場合は、営業部（販売部）に行くのがよく、宣伝部に取りに行ったのは不適当ということである。

これで合格!

LECTURE

■名刺の整理
名刺はカード式整理（名刺整理箱）がよい。住所・電話番号・肩書などは、最新のデータにします。受け取った日付と特記事項なども書き入れます。

● 分類方法
会社名別と氏名別の二通りあります。会社別なら業種別に、氏名別なら五十音別にします。秘書用には氏名別に分類した方が便利です。

■新聞・雑誌
● 切り抜きはテーマごとにまとめ、ファイルしておく。
● いつも最新号が閲覧できるようにしておく。

■出版・新聞などに関する用語

全国紙	全国的に発行されている新聞のこと
地方紙	一定の地域だけを対象として編集、発行される地方新聞のこと
官報	政府が国民に知らせる事項を掲載した文書のこと
白書	各省庁が行政活動の実情と展望を述べた報告書
コラム	短い評論などが書かれている囲み記事のこと
日刊	毎日発行されるもの
季刊	1年に4回発行されるもの
旬刊（じゅんかん）	新聞、雑誌が10日ごとに発行されること
月刊	1カ月に1回発行されるもの
隔月刊	2カ月に1回発行する刊行物のこと
増刊号	定期発行以外に臨時に発行される号のこと
索引	本の中の語句がどのページにあるかの一覧。インデックス
判型	本や雑誌などの大きさのこと

26 次は用語とその説明の組み合わせである。中から不適当と思われるものを一つ選びなさい。

1) バックナンバー ＝ 定期刊行物の既刊号のこと。
2) 初版 ＝ 出版された本の最初の版のこと。
3) 改訂 ＝ 書籍や文書の内容の一部を直すこと。
4) 再版 ＝ 既に出版されている本を同じ形で再発行すること。
5) 凡例(はんれい) ＝ 本の著者名・発行所名・発行日などが載っている部分のこと。

POINT!
出版に関する用語と説明の組み合わせ

EXERCISE 日程管理

27 次は秘書Aが，上司の予定表の作成や管理について行っていることである。中から不適当と思われるものを一つ選びなさい。

1) 予定されているがまだはっきりしない予定は，「(仮)」と書いて予定表に書き込んでいる。
2) 上司の私的な予定を予定表に記入するときは，上司とAだけが分かる記号を使っている。
3) 予定表は，月日単位の年間予定と，時分単位まで記入する日々予定表の2種類を使って管理している。
4) 取引先と面談したときは，そのときかかった時間を記録しておき，次回予定を組むときの参考にしている。
5) 急な予定が発生し，既に入っている予定と重なるときは，どちらを優先させるか上司に確認するようにしている。

POINT!
予定表の作成や管理について行っていること

26 解答　5)

「解説」
凡例とは，書物などの巻頭にある使用法のことである。5)は「奥付」についての説明になる。

タブロイド判	普通の新聞の半分の大きさの型のこと
奥付（おくづけ）	その本の著者や発行所，発行年月日などが載っている部分のこと
落丁（らくちょう）	ページが抜け落ちていること
乱丁（らんちょう）	本のページの順が前後していること
改訂版	初版の後，内容を改めたものということ
絶版（ぜっぱん）	出版した書籍の印刷，販売を中止すること
草稿	下書き，または原稿のこと
献本	出来上がった本を進呈すること

LECTURE　日程管理

27 解答　4)

「解説」
同じ取引先との面談であっても，次の面談のとき所要時間が同じになるとは限らない。時間を限ってする面談もないでもないが，所要時間は，普通は用件が済むまでである。従って，今回の面談を，次回に予定を組むときの参考にするのは無理ということである。

LECTURE

■スケジュール管理と対応

予定を組んでおいたのに，急な事態が発生してスケジュールが変更されることはよくあります。緊急の会議や葬儀の参加などは事前に予測はできませんから，スケジュールの変更は仕方ないところです。秘書は速やかに変更案を作り，上司の承認を得ます。

1. 先方の都合でスケジュールが変更になったとき

変更になり他の予定と重なったときは，上司に予定表を持参し，どのように変更するかを打ち合わせます。

2. 上司の不在中にスケジュール変更を要求されたとき

もし秘書が変更を仮約束しなければならないときは，上司が戻ったら確認するので，結果については変更があるかもしれないと念を押します。その際は，上司が帰り次第速やかに連絡すると伝えます。

28 次は秘書Aの，上司の予定表管理の仕方である。中から不適当と思われるものを一つ選びなさい。

1) 日々予定表には，その日の上司の行動予定を時分単位で詳細に書いている。
2) 上司の私的な予定は，日々予定表には書かず，自分の予定表に書いている。
3) 月間予定表には，時分や場所などの詳細は書かずに予定名だけを記入している。
4) 社内で上司の行動を知る必要がある関係先に配布するのは，日々予定表のみと決めている。
5) 年間行事は年間予定表に書いているが，そのとき確定していないものには「未確定」と注記している。

POINT! 予定表管理の仕方

EXERCISE　環境整備

29 次は秘書Aが，上司の部屋の環境整備について行っていることである。中から不適当と思われるものを一つ選びなさい。

1) 窓から強い日差しが直接入る時間帯は，ブラインドの羽根の向きを調整している。
2) 電話機やパソコンの汚れが目立ったときは，専用のOAクリーナーで拭き取っている。
3) 手間を省くため，観葉植物（複数）の水やりや枯れ葉の始末は曜日を決めて行っている。
4) エアコンの設定温度を小まめに調整して，室内の執務環境を快適に保つようにしている。
5) 上司の机上を整理するときは，ごみと思われる丸めたメモ書きがあったとしても，そのままにしている。

POINT! 上司の部屋の環境整備

28 解答 4)

「解説」
社内で上司の行動を知る必要がある関係先ということは，上司も関わる可能性がある（例えば会議に出席する，面談をするなど）仕事をしている先ということである。従って上司の予定は，月間予定表などで，ある程度先まで知らせておくのがよい。配布するのは日々予定表だけと決めるのは不適当ということである。

これで合格！ LECTURE

■日程管理
●予定表の種類
①年間予定表　②月間予定表　③週間予定表　④日々予定表

●作成方法と注意点
パソコンを使って予定表を作成することが増えていますが，用紙に記入する場合は，それぞれ一枚の紙にまとめ一目で分かるようにします。

●予定の変更
相手方の都合で変更するときは，秘書は上司と相談して予定を訂正します。こちらの都合で変更する場合は，わびた上で日程調整し，予定表に記入します。

LECTURE　環境整備

29 解答 3)

「解説」
観葉植物の枯れ葉は美観を損ねるから，あればすぐに取り除かないと観葉植物を置いている意味がない。また水やりはそれぞれの土の乾き具合などに合わせてしないといけない。植物の世話は手間のかかるもの。ただ曜日を決めて行うなどの手間を省くことを考えるなどは不適当ということである。

これで合格！ LECTURE

■応接室や上司の部屋の整備
●清潔で機能性を心がける。
●部屋のレイアウトや机上の整理整頓に気を配る。

秘書は来客の応対をしなければならないので，人の出入りがすぐ分かる位置に机を置きます。上司と秘書の机は対面を避け，少し離れるようにします。

●文房具などの備品は切らさないように注意する。
●掃除，整頓をする。
●照明，防音，空気調節など室内の環境に気を配る。

採光や照明の善しあしが仕事に影響するため配慮が必要。明るさはどうか，窓と机の位置関係はどうかなどチェックします。

30 次は上司と秘書が同室で仕事をする場合の,室内のレイアウトについて述べたものである。中から不適当と思われるものを一つ選びなさい。

1) 応接セットは,秘書の机よりは上司の机の近くにあるのがよい。
2) 上司の机は,冷暖房の風が直接当たらないような場所にするのがよい。
3) 秘書の机も上司の机も,人の出入りが見えるような場所にあるのがよい。
4) 上司の机と秘書の机は,向かい合わせにならないようになっているのがよい。
5) 上司の机が入り口から見えるような位置の場合は,ついたてを利用するのがよい。

POINT! 秘書と上司が同室の場合のレイアウト

EXERCISE 事務機器・事務用品

31 次は,秘書Aがファクスでの送信について後輩に指導したことである。中から不適当と思われるものを一つ選びなさい。

1) 文字が小さい場合は,拡大コピーをしてから送信するとよい。
2) よく送信する相手のファクス番号は,登録しておくと便利である。
3) 送信状には,宛先の他に「届いたらご連絡ください」と書き入れておくとよい。
4) 送信する場合,相手に電話で連絡するか,または後から確認の電話をするのがよい。
5) ファクス番号を間違えるといけないので,スタート(送信)ボタンを押す際,再度番号を確認するとよい。

POINT! ファクスでの送信について

SECRETARY 05 技能

30 解答 3)

「解説」
この場合は上司個人の執務部屋である。秘書の机が，人の出入りが見える場所にあるのは必要なこと。しかし上司からすると，人の出入りが見えれば仕事がしやすいとはいえない。上司の机を，人の出入りの見える場所に置くのは不適当ということである。

LECTURE　事務機器・事務用品

31 解答 3)

「解説」
ファクスでこちらから送信するのは，こちらが相手に用事があるからである。その送信が相手に届いたかどうか確認したければ，送信後，こちらから電話を入れるのが礼儀である。

これで合格！

LECTURE

■事務機器
● 複写機（コピー機），ファクス，パソコン，プリンターなどがある。

■事務用品
1）ホチキス（ステープラ）
コの字形の針で書類をとじる器具。
2）穴あけ器
紙にとじ穴をあけるパンチ。
3）トレー
書類を入れる箱で決裁箱ともいいます。
4）書庫
保管庫ともいいファイルを立てて並べます。
5）キャビネット
正しくはバーチカルファイリング・キャビネットといい，フォルダーを立てて収納するものです。
6）ハンギングフォルダー
普通のフォルダーと違い枠にぶら下がるようにできていて，ハンギングフレームに収めます。

32 次は,ファイリング用品とその説明である。中から不適当と思われるものを一つ選びなさい。

1) レターケース ― 手紙をファイルしておく箱。
2) デスクトレー ― 書類を一時的に入れておく箱。
3) キャビネット ― フォルダーをまとめて収納する整理箱。
4) フォルダーラベル ― タイトルを書いてフォルダーの山に貼る紙。
5) ハンギングフレーム ― キャビネットの引き出しに取り付け,フォルダーやガイドをぶら下げるための枠。

POINT!
ファイリング用品とその説明

32 解 答　1）

「解説」
「レターケース」とは，深さ4cm程度の小さな引き出しが数段付いている書類入れのことで，一時的に伝票や書類を分類して入れておくのに便利。

EXERCISE　記述問題／技能

1 次の各文の＿＿＿部分に，その下の（　）内の意味に該当する手紙用語を，漢字2文字で答えなさい（漢字の正確さも採点します）。

1) 平素は＿＿＿＿＿のご厚情を賜り，厚く御礼申し上げます。
　　　　（特別）
2) 新作発表会を＿＿＿＿＿により開催いたします。
　　　　（下に書き記すこと）
3) 今後とも＿＿＿＿＿のお引き立てのほど，お願い申し上げます。
　　　（前よりも程度を増すこと）
4) まずは，＿＿＿＿＿ながら書中をもってごあいさつ申し上げます。
　　　　（略式）

2 次の表は，S社商品の年度別売上高構成比である。これを見やすいグラフにしなさい（定規を使わないで書いてもよい）。

	商品A	商品B	商品C
令和3年度	60%	20%	20%
令和4年度	40%	50%	10%

3 秘書Aは上司から，次の資料を借りてくるようにと指示された。このような場合Aは，社内のどの部署に行くのがよいか。それぞれについて適切な部署名を（　）内に答えなさい。

1)「取引金融機関一覧」
　　（　　　　　　　　）
2)「取締役会の議事録」
　　（　　　　　　　　）
3)「製品Yの顧客名簿」
　　（　　　　　　　　）

LECTURE 記述問題／技能

1 解答例

1) 格別・多大
2) 下記
3) 倍旧・一層
4) 略儀

2 解答例

単年度のみの商品別売上高構成比なら円グラフでもよいが，これを年度別で比較するとなると，帯グラフにして並べるのがよいことになる。

S社商品年度別売上高構成比

	商品A	商品B	商品C
令和3年度	60%	20%	20%
令和4年度	40%	50%	10%

3 解答例

1) 経理部
2) 総務部
3) 販売部・営業部

4 秘書Aは後輩の鈴木Bから，「上司（総務部長）の指示で，臨時部長会開催の社内文書を作成したが，これでよいかを見てもらえないか」と文書を渡された。下はその文書だが，不適切な箇所が三つある。これを適切なものにするには，どこをどのように直すように言えばよいか。箇条書きで答えなさい。

　　　　　　　　　　　　　　　　　　　　　　　　　2月8日
　　部長御中
　　　　　　　　　　　　　　　　　　　　　　　　　総務部長

　　　　　　　　　　臨時部長会開催について

　　　　下記の通り開催するので，出席してください。

　　　　　　　　　　　　　記

　　1　日時　　2月16日（月）10:00 ～ 12:00
　　2　場所　　第一会議室
　　3　議題　　来年度予算について
　　4　資料　　当日配布
　　当日欠席の場合は，担当まで連絡してください。
　　　　　　　　　　　　　　　　　　　　　担当　鈴木
　　　　　　　　　　　　　　　　　　　　　（内線 20）
　　　　　　　　　　　　　　　　　　　　　　　　以上

---

5 次の「　」は，秘書Aが書こうとした手紙文の一部である。①下線部分を漢字で書きなさい。②この文の意味を答えなさい。③この手紙文を書くのは一般的には何月か答えなさい。

「コウカンのオリから，くれぐれもごジアイくださいませ」
　　　a　　　　b　　　　　　　　　　　　c
① 　a　　　　　　b　　　　　　　　c
②
③

4 解答例

1. 発信日付は，年から書く。
2. 受信者名は「部長御中」ではなく「部長各位」にする。
3. 「以上」は，担当者名の上の行に書く。

5 解答

① a 向寒　　b 折　　c 自愛
② 寒い季節に向かいますので，どうぞお体を大切になさってください。
③ 11月

minimini KEY WORD

ちょっと押さえておきたい用語
「技能」

■一事不再議の原則
いったん会議で決まったことは，その会期中に二度と持ち出せないという原則のことをいいます。

■社交文書
企業間の関係を良好に保つための文書で，私信に近いものです。マナーを重んじ，タイムリーかつ相手との親密度を配慮した文書作成を心がけます。あいさつ状，礼状など。

■社交文書の縦書き
ビジネス文書では横書きが一般的ですが，役員交代のあいさつ状や新会社設立披露の招待状などの儀式的な社交文書では伝統を重んじ，縦書きで書かれる場合があります。

■横書き文書の数字
通常算用数字を使いますが，例外として漢数字を使う場合もあります。①成語（二人三脚，四方八方）②固有名詞（四国）③ヒト，フタ，ミ（お二方，三つ子）

■円グラフ
二つ以上の数量の割合を表すグラフです。円の全体（360度）を100％として，内訳の構成比を扇形の面積の大小によって表現するものです。

■親展
手紙などを，直接名宛て人自身が開封することを求めるときに「親展」と表示します。当然，上司宛てに来た親展の手紙を秘書が開封することは許されません。

■バックナンバー
雑誌や年鑑などの定期刊行物で，既に刊行されている号のことをいいます。書店の店頭に置いていなく，書店や出版社に注文して取り寄せる場合が多くあります。

■旬刊
新聞や雑誌などの発行形態の一つで，1カ月に3回，つまり10日ごとに発行するものが旬刊となります。

SECRETARY

06

直前模擬試験

テスト 1

実力テスト

テスト1「直前模擬試験」は実力テストです。実際の試験問題と同じ形式で作成してありますので，各領域で学んだ力を試してください。また，筆記試験は「理論編」と「実技編」に領域区分され，それぞれが60％以上正解のとき合格となります。早稲田教育出版編集部独自のものですが，合格の目安を記していますので，所定の時間内に問題を解き終えたら，その結果を評価欄に照らしてください。合格圏内にあるか，さらなる努力がどの程度必要かが分かります。

| 試験時間 | 120分 |

区別	領域	問題数	正解数	合計正解数
理論編	Ⅰ 必要とされる資質	／5問		／13問
	Ⅱ 職務知識	／5問		
	Ⅲ 一般知識	／3問		
実技編	Ⅳ マナー・接遇	／12問 (2問が記述式)		／22問
	Ⅴ 技能	／10問 (2問が記述式)		

●評価

■理論編

〈正解数〉　　〈評価〉
8問以上　　クリア
7問　　　　あと一息でクリア
6問　　　　やや努力が必要
5問　　　　さらに努力が必要
4問以下　　かなり努力が必要

■実技編

〈正解数〉　　〈評価〉
14問以上　　クリア
12・13問　　あと一息でクリア
10・11問　　やや努力が必要
 8・9問　　さらに努力が必要
7問以下　　かなり努力が必要

◎理論編，実技編それぞれ60％以上正解のとき合格となります。なお，合格の目安は早稲田教育出版編集部が独自に付けたものです。

必要とされる資質

(チェック欄) □ □ □

1 秘書Aは上司（部長）が外出中，他部署のCから「1時間くらい前，Aが席を外しているとき電話が鳴ったので出たところ，取引先のN氏からで，部長から折り返し電話がほしいとのことだった」と言われた。Aに伝えるのを忘れていたという。部長はあと1時間ほどで戻る予定になっている。このような場合，Aはどのように対処するのがよいか。次の中から**適当**と思われるものを一つ選びなさい。

1) あと1時間もすると部長は戻るのだから，部長が戻ったらN氏に電話してもらう。
2) 外出中の上司に連絡して，事情を説明し，すぐにN氏に電話してもらうように頼む。
3) 急ぎの用であればN氏の方からまた電話がかかってくるだろうから，そのままにしておく。
4) すぐにN氏に電話して，連絡が遅くなったことをわび，部長は外出中で1時間ほどで戻ってくると伝える。
5) CからN氏に電話してもらい，別の用件で取り紛れて連絡が遅くなったことをわびてもらい，部長は外出中で1時間ほどで戻ってくると伝えてもらう。

(チェック欄) □ □ □

2 秘書Aは後輩Bから，営業課長がAの上司（営業部長）と仕事上で不満があるらしく，陰で悪口を言っていると聞かされた。このような場合Aはどのように対応すればよいか。次の中から**適当**と思われるものを一つ選びなさい。

1) 営業課長の悪口が本当かどうか，自分でもできる限り調べてみる。
2) Bに，営業課長がどのような悪口を言っているかを，詳しく聞き出す。
3) Bに，他の人に言う場合，ここだけの話と念を押して言ってほしいと頼んでおく。
4) Bに，自分も言わないから，これ以上他の人には言わない方がよいと思う，と言う。

5）部内の他の人に，営業課長が部長について悪口を言っているか，それとなく聞いてみる。

3 秘書Aの後輩Bは，最近他部署から秘書課に異動となった。性格は明るいがまだ受付などは不慣れである。そんなある日，受付応対で来客を怒らせてしまった。このような場合のAの対応について，次の中から**適当**と思われるものを一つ選びなさい。
1）Bと来客の両方から何があったか聞き出し，仲裁する。
2）来客から不愉快にさせた理由を聞き出し，Bを謝らせる。
3）受付はBの仕事なので，口出しせず知らない顔をして，その場を通り過ぎる。
4）Bに来客に丁寧に謝るように言い含め，謝った後はその場を離れBに任せる。
5）来客にBの態度をわび，その後の応対をAが行うと告げ，Bに代わって応対する。

4 秘書Aは上司（部長）から，「本部長の秘書がしばらく休むので，秘書を兼任するように」と指示された。しばらくして，本部長と馬が合わず仕事に支障を来し負担を感じるようになった。このような場合のAの対応について，次の中から**不適当**と思われるものを一つ選びなさい。
1）部長に，本部長の性格や，行動の取り方などをそれとなく聞いて参考にする。
2）しばらくの間と割り切り，納得のいかないことでも，本部長の意向に合わせる。
3）本部長に時間を取ってもらい，Aの性格を分かってもらうように話し合いの場を持つ。
4）休んでいる本部長の秘書に連絡を取り，どのように対応すればよいか聞かせてもらう。
5）本部長に時間を取ってもらい，Aが仕事上で注意する点や心がけについて尋ねる。

（チェック欄）□ □ □

5 秘書Aの上司（部長）が外出中，課長が「今日中にこの書類に目を通してもらいたい」と言ってきた。書類の量からすると，目を通すのに，だいぶ時間がかかりそうである。上司は明日からの出張を控え，予定が詰まっている。このような場合，Aは課長にどのように対応すればよいか。次の中から不適当と思われるものを一つ選びなさい。

1) 「書類は預かっておくが，もし部長が今日中にできないとしたら，何か支障はあるのか」と尋ねる。
2) 「部長のこれからの予定はいっぱいなので，その書類の量だと今日中は難しいかもしれない」と言って預かる。
3) 「部長は明日から出張で予定が詰まっているが，何とか都合をつけるよう自分から話してみる」と言って預かる。
4) 「部長が外出から戻ったら確認してもらい，今日中に見てもらえるかどうか，後から連絡するがどうか」と言う。
5) 「今日中と言われても，部長にも予定が入っている。書類に目を通してほしいという意向は伝えておく」と言って預かる。

職務知識

（チェック欄）□ □ □

6 次は秘書Aが秘書業務として日ごろ行っていることである。中から不適当と思われるものを一つ選びなさい。

1) 上司の私的な用事を頼まれ，すぐできることは，他の仕事は後回しにしても処理している。
2) 上司が「ちょっと出てくる」としか言わずに外出するときは，帰社予定時間だけを尋ねている。
3) 上司にスケジュールを尋ねられたときは，後に続くスケジュールも併せて言うようにしている。
4) 複数の仕事を同時に指示されたときは，時間のかかるものから処理するようにしている。
5) 上司の体調がよくないときの面談などは，相手が社内の人なら，理由を話して短時間で済ませてもらっている。

(チェック欄) □ □ □

7 秘書Aは新しい上司（部長）に付くことになった。次はそのとき，新しい上司を理解するためにAが行ったことである。中から不適当と思われるものを一つ選びなさい。

1) 前任の秘書のところへ行って，食事や飲み物の好みを尋ねた。
2) Aの同僚に，部長のことで何か知っていることがないか尋ねた。
3) 部長に，仕事をする上で注意する点や希望があったら教えてくれるように言った。
4) 部長に聞いたり，名刺を見たりして，よく来社したり電話がかかってくる取引先を確認した。
5) 課長に，部長について気を付けなければならないことがあれば教えてもらえないかと言った。

(チェック欄) □ □ □

8 秘書Aは，上司の外出中に取引先のM氏から，明日上司と会いたいという電話を受けた。明日の上司のスケジュールは比較的空いているが，M氏には今まで何回か直前で予約を取り消され，上司はM氏を信用していない。このような場合のAの対応について，次の中から不適当と思われるものを一つ選びなさい。

1) 上司は外出中なので，戻ったら都合を聞いておくと言う。
2) 上司が戻ったら，スケジュールを確認して，返事をすると言う。
3) 上司は明日一日中立て込んでいるが，用件は伝えておくと言う。
4) 上司が戻ったら，用件は伝えるが，いつまでに連絡をすればよいかと聞く。
5) 上司の明日のスケジュールは詰まっているので，次の機会にしてほしいと断っておく。

(チェック欄) □ □ □

9 秘書Aは上司から「明後日S社のM氏と会食をするので，レストランを予約するように」と言われた。その店に予約をする場合，どのような予約の仕方がよいか。次の中から適当と思われるものを一つ選びなさい。

1) 上司の名前で予約をし，Aの電話番号を伝える。

2) 上司の名前で予約をし，上司の電話番号を伝える。
3) Aの名前で予約をし，Aの電話番号を伝える。
4) Aの名前で予約をし，上司の電話番号を伝える。
5) 上司とM氏の名前で予約をし，Aの電話番号を伝える。

(チェック欄) □ □ □

10 次は秘書Aが，上司に了承を得ずに行い，後で報告していることである。中から不適当と思われるものを一つ選びなさい。
1) 上司宛てに香典返しが届いたときは，礼状は書かず，届いたと報告している。
2) 上司宛てに中元，歳暮などが届いたときは，礼状を出して，品物の内容とともに上司に報告している。
3) 取引先から，上司の正式な役職名と部署の変更があれば教えてほしいとの連絡に，教えたことを報告している。
4) 部下からの上司のスケジュールの問い合わせには，何の問い合わせかを尋ねて，その前後も教えるようにしている。
5) 上司が役員をしている業界団体の開催連絡には，スケジュールを調整し，出席と通知し，そのことを上司に報告している。

一般知識

(チェック欄) □ □ □

11 次は，用語とその意味（訳語）の組み合わせである。中から不適当と思われるものを一つ選びなさい。
1) チャージ　　＝　料金，反則
2) ナレッジ　　＝　極小，極細
3) リベンジ　　＝　復讐(ふくしゅう)，仕返し
4) コサージュ　＝　花飾り，小花束
5) アレンジ　　＝　調整する，整理する

(チェック欄) □ □ □

12 次は，それぞれ関連のある用語の組み合わせである。中から不適当と思われるものを一つ選びなさい。

1) アウトソーシング　――　コスト削減
2) パブリシティ　――　マスメディア
3) ノンバンク　――　クレジット会社
4) インターネット　――　ブロードバンド
5) クーリングオフ　――　インサイダー取引

（チェック欄）□□□

13 次の「　」内の説明は，下のどの用語の説明か。中から**適当**と思われるものを一つ選びなさい。

「会社などの組織や業務についての基本的な規則」

1) 約款
2) 約定
3) 定款
4) 社是
5) 社訓

マナー・接遇

（チェック欄）□□□

14 秘書Aは，上司（田中部長）を訪ねてきた来客に，次のような応対をした。中から**適当**と思われるものを一つ選びなさい。

1) 予約客が遅れて来訪したので，遅れた理由を確認してから取り次いだ。
2) 上司の同窓という客が不意に来訪したので，学校名と卒業年次を確認して取り次いだ。
3) 上司宛ての紹介状を持った客が不意に来訪したので，紹介状の中を確認し，会えるかどうか確認してみると言って待ってもらった。
4) 転勤のあいさつ回りの人に，上司が不在だったので，自分が代わりにあいさつを受け，田中に伝えるので名刺をもらいたいと言った。
5) 取引先の部長が，相談があると言って不意に来訪したとき，おおよその所要時間を尋ね，上司の都合を聞いてみると言って待ってもらった。

（チェック欄）□□□

15 次は秘書Aが，客にお茶を出すときに行っていることである。中から

不適当と思われるものを一つ選びなさい。
1) 複数の客のとき，それぞれの地位などが分からない場合は，上座からお茶を出している。
2) 上司が客と同席するときは，上司個人用の茶わんを使わず，客と同じ茶わんで出している。
3) 初めての客のときは，上司と客があいさつや名刺交換をしているときに，お茶を出している。
4) 茶たくに載せたお茶は客の右側に置くようにし，出すとき小声で「失礼いたします」と言っている。
5) 打ち合わせなどが長引いているときは，上司から指示がなくても，様子を見てお茶を入れ替えている。

(チェック欄) □ □ □

16 次は，秘書Aが受付業務を担当するときに行っていることである。中から不適当と思われるものを一つ選びなさい。
1) 会社の組織や業務内容をよく記憶しておき，案内や説明が即座にできるようにしている。
2) 来客が帰るときは，相手が何も言わなくても，立って「失礼いたします」と言って，お辞儀をしている。
3) 相手に合わせた応対をするため，来客が年配の方の場合には，先に話を切り出してもらうようにしている。
4) 予約客であっても初めての客のときは，「お名刺を頂けますでしょうか」と言って受け取り，取り次いでいる。
5) 特に世話になっていなくても，関係のありそうな客には「いつもお世話になっております」とあいさつしている。

(チェック欄) □ □ □

17 秘書Aは後輩Bから，「仕事上，同僚と意見が食い違って，人間関係に支障を来している。こういうことをなくすにはどうしたらよいか」とアドバイスを求められた。次はAのBへのアドバイスである。中から不適当と思われるものを一つ選びなさい。
1) 無理に自分の意見を押し通そうとしていることがないか，相手の立場

になって考えてみたらどうか。
2) 意見が食い違ったときは，その場は食い違ったままにしておき，後日改めて話し合うようにしたらどうか。
3) 意見が食い違うことはよくあるが，仕事に差し支えなく譲れるものなら自分が譲ってみるようにしたらどうか。
4) 解決しないときは，第三者に入ってもらって，どちらの意見が正しいと思うか，言ってもらうようにしたらどうか。
5) 意見が食い違うのはそれだけ仕事に熱心に取り組んでいることだから，お互いに納得のいくまで話し合うようにしたらどうか。

（チェック欄）□□□

18 次は，秘書Aが上司に報告するときに注意していることである。中から**不適当**と思われるものを一つ選びなさい。
1) 報告が終わったら，不明な点はなかったかと，上司に尋ねるようにしている。
2) 上司が知っていると言ったことは，簡単に話すか，もしくは省略するようにしている。
3) 報告をすることが幾つかあるときは，時間がかからないものから先に言うようにしている。
4) 報告をするときは，初めに必要な時間を言い，報告してよいか尋ねてからするようにしている。
5) 全て口頭で行うのではなくて，メモで済むようであれば，箇条書きなどにまとめ，手渡している。

（チェック欄）□□□

19 秘書Aは上司から，後輩Bの来客応対に丁寧さが足りないので，注意するように言われた。このような場合，AはBにどのように注意すればよいか。次の中から**適当**と思われるものを一つ選びなさい。
1) 来客応対するときはBのそばにいて，その都度注意する。
2) 丁寧さが足りないのは，性格にも問題があるので直すようにと言う。
3) 上司から，注意をするよう言われたが，少し間を置き，上司に尋ねてみてはどうか，と言う。

4) 上司から，来客応対に丁寧さが足りないから注意するように言われた。自分もかねがね感じていたことだったと注意を促す。
5) 来客応対の善しあしで，会社のイメージが決まることもある大切な仕事なので，言葉や振る舞いには気を付けるようにと注意をする。

(チェック欄) □ □ □

20 次は秘書Aが，後輩に注意するときや注意をした後に心がけていることである。中から<u>不適当</u>と思われるものを一つ選びなさい。
1) 注意をするときは頭ごなしにせず，相手の受け方を見ながらしている。
2) 注意したことが改められていたら，後輩の努力を認め褒めるようにする。
3) 注意した後はしこりが残らないように，普段と変わらない態度で接する。
4) 注意をするときは，言葉遣いに注意をして，相手を傷つけないように気を付けている。
5) 注意することがうわさの範囲であるときは，そのうわさを知っている人に確かめてからにしている。

(チェック欄) □ □ □

21 秘書Aの上司が出張中に，上司に面会を求める電話があった。大学時代の友人とのことであったが，上司に報告したところ，断るよう指示された。Aが断りの電話をしたところ「あなたから，何とかもう一度頼んでもらえないか」とのことである。このような場合，どのように応対すればよいか。次の中から**適当**と思われるものを一つ選びなさい。
1)「せっかくでございますので，もう一度上司に申し伝えます」
2)「お断りするように申し付かっておりますので，たぶんご無理かと存じます」
3)「私では分かりかねますが，ご希望を上司に伝え，検討させていただきます」
4)「今はお約束いたしかねますが，しばらくいたしましたら，上司に頼んでみます」
5)「お断りするようにとのことでしたが，ご希望がありましたことは，上司に申し伝えます」

22　次は，秘書Aが弔事に関して行っていることである。中から<u>不適当</u>と思われるものを一つ選びなさい。
1) 不祝儀袋は金額に見合った体裁のもので，上書きは薄墨で書いている。
2) 相手の宗教が分からないときの香典の上書きは，「御霊前」と書いている。
3) 葬儀に参列して帰るときは，遺族には特にあいさつはしないで帰るようにしている。
4) 遺族に会ったときのお悔やみの言葉は「このたびはご愁傷さまでございます」と言っている。
5) 香典を差し出すときは，受付に丁寧にお辞儀をしてから「心ばかりのものですが」と言うようにしている。

23　次は，秘書Aが書いた上書きである。中から<u>不適当</u>と思われるものを一つ選びなさい。
1) 社員の家族に不幸があったので「御霊前」と書いた。
2) 新入社員研修の講師のお礼なので「謝礼」と書いた。
3) 結婚退職する先輩に贈る記念品なので「御祝」と書いた。
4) 得意先の会社の社屋新築に花瓶を贈るときに「寄贈」と書いた。
5) 上司がもらった病気見舞いの，お返しの上書きに「内祝」と書いた。

技　能

24　秘書Aの上司は，取引先の関係者を招いて会議を開いた。次はそのときAが行ったことである。中から<u>不適当</u>と思われるものを一つ選びなさい。
1) 上司の指示により座席を決め，名札を準備した。
2) 資料は事前に送付したが，忘れてきた人のために予備を用意しておいた。
3) 開始時刻直前になっても来ていない出席予定者を，会社名とともに上司に知らせた。
4) 開始時刻に遅れて来た出席者は，遅れがどのくらいであれば，会場に

入れてよいか上司に確認した。
5) お弁当を配る時刻であったが，議論が白熱していたので，上司に連絡し，合図があるまで廊下で待機した。

（チェック欄）□□□

25 次は社内文書を作成するときの注意である。中から不適当と思われるものを一つ選びなさい。
1) 簡単な文書には文書番号を付けない。
2) 重要文書の受発信者名は，職名だけでなく，氏名も書く。
3) 丁寧な表現は控えめにして，文体は「です・ます」体を用いる。
4) 規定・通達など不特定者に宛てる文書は「だ・である」体を用いる。
5) 頭語や前文は書かないが，文書の最後には結語に当たる「以上」を書く。

（チェック欄）□□□

26 次は社交文書についての説明である。中から不適当と思われるものを一つ選びなさい。
1) 件名や文書番号は，普通は書かない。
2) 悔やみ状を書くときは，弔意を表すため，頭語は謹啓とする。
3) 出張の礼状を代筆したときは，代筆であっても上司名で出す。
4) 格式を重んじるあいさつ状などは，句読点を付けなくてもよい。
5) 友人や目下の人に宛てた紹介状は，名刺に紹介の言葉を書いている。

（チェック欄）□□□

27 次は秘書Aが，上司宛ての郵便物を受け取ったときに行っていることである。中から不適当と思われるものを一つ選びなさい。
1) DMは業種別に分類し，カタログ類と一緒のファイルに保管している。
2) 受け取った郵便物は，開封する前に受信日付印を封筒の表に押している。
3) 間違えて私信を開封してしまったら，封筒の中にすぐ戻し，上司に謝っている。
4) 同封されていた出欠の返信はがきは，文書や封筒と一緒に留めて渡している。
5) 上司から現金書留を開封するよう指示されたら，上司の目の前で開封

している。

28 次は秘書Aがとった郵送方法である。中から不適当と思われるものを一つ選びなさい。
1) 締め切り間際の原稿を、速達にして簡易書留で送った。
2) 創立記念の招待状を、数が多かったので料金別納で送った。
3) お世話になった人へ、礼状を添えてギフト券を一般書留で送った。
4) 遠方の取引先への香典を、悔やみ状を添えて現金書留で送った。
5) 上司の書いた本を恩師に贈るので、謹呈と書いてゆうメールで送った。

29 次はバーチカル・ファイリングについて述べたものである。中から不適当と思われるものを一つ選びなさい。
1) フォルダー内では、書類はとじないのが一般的である。
2) 第1ガイドの分類をさらに細かくしたものが第2ガイドである。
3) フォルダーの山に貼るラベルには、相手先名などを記入する。
4) 個別フォルダーと雑フォルダーとでは入れる書類の量に違いがある。
5) フォルダー内の全部の書類を貸し出すときは、持ち出し用フォルダーに入れ替える。

30 次は秘書Aが、上司のスケジュール管理上行っていることである。中から不適当と思われるものを一つ選びなさい。
1) 知らされている私的な予定のうち、公にしない方がよいものは、自分の手帳で管理している。
2) 変更で予定表を直すときは、前の予定表がどのようなものであったかが分かるようにしている。
3) 予定が変更になり、その時間が空いたときは、そのことをすぐに上司に知らせるようにしている。

4) 終了時間が延びる可能性がある会議や面談のすぐ後には，次の予定を入れないようにしている。
5) 定例会などの会合は，スケジュールが空いていれば，上司に確認せず出席と返事をし，予定表に記入している。

(チェック欄) □ □ □

31 秘書Aは，上司と同じ部屋に机を置いているが，上司が代わるので部屋の模様替えを行うことになった。次は模様替えを行うに当たってAが考えたことである。中から不適当と思われるものを一つ選びなさい。
1) Aの机は，部屋の中で出入り口の近くに置く。
2) 上司の机は光が後ろからか，左から入る位置に置く。
3) 上司の机は，人の出入りや部屋全体が見える所に置く。
4) 応接セットは，Aの机よりも，上司の机に近い所に置く。
5) 応接セットとAが背中合わせになるときは，ついたてを置く。

記述問題　　　マナー・接遇

(チェック欄) □ □ □

32 次の場合の祝儀袋（結び切り，ちょう結び）を選び，上書きを書きなさい。

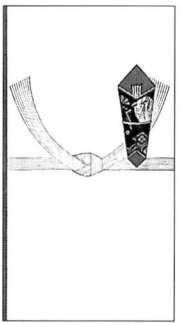

1) 秘書課全員で先輩に結婚祝いを贈る。
2) 同僚の花展覧会に招かれ，お祝いを，先輩（上田和子）とA（山本明子）の連名で贈る。

33 次の言葉の下線部分を，来客に言う適切な言葉に直して答えなさい。

1)「ここで　見て　もらえないか」
　　　a　　　b　　　c

2)「すまないが　言うことは　できない」
　　　a　　　　　b　　　　　c

記述問題　　　　　　　　　　技　能

34 次はD社が令和×年10月に行った社員の接遇調査（アンケート）である。これを適切な円グラフにしなさい。

「よい」　　　　　　58％
「非常によい」　　　　9％
「よくない」　　　　12％
「非常によくない」　　5％
「どちらともいえない」12％
「無記入」　　　　　　4％

35 次は，社交文書などを書くときの自分側と相手側の言い方である。例に倣って相手側の言い方を（　　）内に一つ答えなさい。

	自分側	相手側
例）	父	父	ご尊父（様）
1)	名前	名，氏名	（　　　）
2)	意見	愚見，私見	（　　　）
3)	会社	弊社，当社	（　　　）
4)	気持ち	微意，薄志	（　　　）

SECRETARY

07

本試験問題

テスト 2

本番テスト

テスト2「本試験問題」は本番テストです。実際に出題された過去問題が掲載してあります。問題をよく読み何が問われているかに注意して，総仕上げのつもりで取り組んでみてください。
●設問ごとの難易度ランクを解答解説編に付けていますので，参考にしてください。

試験時間　120分

区別	領　域	問題数	試験時間
理論編	Ⅰ　必要とされる資質	／5問	120分
	Ⅱ　職務知識	／5問	
	Ⅲ　一般知識	／3問	
実技編	Ⅳ　マナー・接遇	／12問 (2問が記述式)	
	Ⅴ　技能	／10問 (2問が記述式)	

必要とされる資質

(チェック欄) □ □ □

1　上司が二人いるときの仕事の仕方

秘書Aは二人の上司（F部長・T部長）に付いているので，同時に仕事を指示されることがある。今日もF部長からの指示で急ぎの資料作成をしているとT部長から，明後日H社を訪問したいので，都合を聞いてもらいたいと言われた。このような場合Aはどのように対処すればよいか。次の中から**適当**と思われるものを一つ選びなさい。

1) 先に指示されたのはF部長からの資料作成なので，資料作成をし終わったらH社へ都合を尋ねる。
2) F部長の資料作成は時間がかかりそうなので，このことをT部長に話して，すぐでないと駄目かと確かめる。
3) H社へ都合を尋ねるのは時間がかからないだろうから，資料作成を中断して訪問の予約を先に取ってしまう。
4) すぐにH社へ都合を尋ねるが，F部長からの仕事中なので，このことをF部長に話しておいてもらいたいと言う。
5) T部長に，今はF部長の仕事をしているので，仕事を中断して都合を聞くようにとはっきり指示してもらいたいと言う。

マナー・接遇

(チェック欄) □ □ □

2　祝儀袋の使い方の適切さ

秘書Aは上司の指示で祝儀袋を用意することになった。しかし初めてのことだったのでどのようにすればよいかを先輩に尋ねたところ，次のように教えられた。中から**不適当**と思われるものを一つ選びなさい。

1) 住所記載欄には，住所を必ず書くこと。
2) 贈る金額に見合った体裁のものを選ぶこと。
3) 金額は中袋の表に書くが，他に記入欄があればそこに書くのがよい。
4) 贈り主名が長いようなら，株式会社は(株)のように省略して書いてよい。
5) 祝い事の内容によって，水引がちょう結びのものと結び切りのものを使い分けること。

必要とされる資質

（チェック欄）□□□

3 部長秘書Aのところに，取引先のことで急いで確認したいことがあると言って本部長が来た。現在2時。部長は「2時過ぎまで支店にいるが，個人的な用事があるので戻りは4時ごろになる」と言って外出中である。このような場合Aは本部長に，上司は外出していると言ってからどのように対応するのがよいか。次の中から不適当と思われるものを一つ選びなさい。

1) 「取引先のことなら担当課長でも分かることがあると思うが，課長では駄目か」と尋ねる。
2) 「部長は支店で打ち合わせの帰りに個人的な用があり，4時ごろ戻る予定だが，どうするか」と尋ねる。
3) 「部長は支店で打ち合わせを終えて4時ごろ戻ると言っていたが，それまで待ってもらえないか」と尋ねる。
4) 「部長の帰社予定は4時ごろなので，急ぐのなら支店に連絡をして本部長へ電話をするように伝えようか」と尋ねる。
5) 「部長は4時ごろ戻る予定だが，今なら支店にいるはずなので連絡してみるが，電話で確認できることか」と尋ねる。

（チェック欄）□□□

4 次は秘書Aが，上司の昼食について気遣って言ったことである。中から不適当と思われるものを一つ選びなさい。

1) 友人との面談を終えた上司が，これからJレストランへ行くと言ったので
   「それでは，Jレストランへ予約の電話を入れておきましょうか」
2) 会議が長引いて，昼食の時間が十分に取れなくなってしまったとき
   「昼食の時間があまりございませんので，サンドイッチでも買ってまいりましょうか」
3) たまには社員食堂で昼食を取りたいという話をしたので
   「いらっしゃる日が決まりましたら教えてください。食堂の人に伝えておきますので」
4) 午後には予定がないとき，○○のおそばが食べたいと言っていたことを思い出して

「今日の午後は特に予定は入っておりませんので，○○にお出かけになってはいかがですか」
5) 昨夜飲み過ぎたようで食欲がないと言っていたので
「何も召し上がらないというわけにはいきませんでしょうから，缶のスープでも買ってまいりましょうか」

（チェック欄）□ □ □

5 秘書Aは上司から，「明日，臨時部長会議を開きたいので，各部長に都合を聞いてもらいたい」と指示された。次はAが各部長に都合を尋ねに行ったときの，各部長への対応である。中から不適当と思われるものを一つ選びなさい。
1) B部長には，都合はよいということだったので，決まったら時間を知らせると言った。
2) C部長は，出張で明日は都合がつかないということだったので，いつ戻るかと尋ねた。
3) D部長からは，議題は何か知っているかと聞かれたので，上司に尋ねてもらいたいと言った。
4) E部長からは，なるべく早く終わらせてもらいたいと言われたので，上司に伝えておくと言った。
5) F部長は，決まったら知らせてもらいたい，都合はつけるということだったので，よろしくお願いしますと言った。

（チェック欄）□ □ □

6 秘書Aの上司が最近パソコンを始めた。上司はパソコンを操作していて分からないところをすぐAに質問する。次はこのようなときのAの対応である。中から不適当と思われるものを一つ選びなさい。
1) 操作に間違いはないかしばらく見ていてほしい，と言われて，「すまないが，隣に椅子を持ってきて座って見ていてもよいか」と言った。
2) 以前に説明したことを再び質問されて，「この操作は複雑なので，説明したことをメモしながら進めていきたい，時間がかかってもよいか」と言った。
3) 今日は時間があるので今から操作の練習をする，と言われて，「練習

に専念できるように,来客や電話があったら,外出中ということにしておこうか」と言った。
4) 画面が動かなくなったと言われたが,Aは手の離せない仕事をしていたので,「自分よりBの方がパソコンに詳しいので,Bにお願いしてもよいか」と言った。
5) 会議の出欠の返事をメールでしたいので操作を教えてほしい,と言われて,「急ぐのなら,今自分が操作して返信し,後で操作の仕方を書いたメモを渡すがどうか」と言った。

職務知識

(チェック欄) □ □ □

7 秘書Aは新しい上司(部長)に付くことになった。次はそのとき,新しい上司を理解するためにAが行ったことである。中から**不適当**と思われるものを一つ選びなさい。
1) 食事や飲み物などの好みを,前任の秘書のところに行って尋ねた。
2) 人事課に行って,部長の自宅住所,電話番号,家族構成などを聞いてきた。
3) Aの同僚一人一人に,部長のことで何か知っていることはないかと尋ねた。
4) 部長に,来社したり電話がかかってくる友人の名前を教えてもらえないか,と言った。
5) 課長に,部長について気を付けなければならないことがあれば教えてもらいたいと頼んだ。

(チェック欄) □ □ □

8 秘書Aの上司は,常務から呼ばれて急な用件の打ち合わせ中である。そこへ,取引先のW氏が予約の時刻より20分早く訪れた。上司はW氏が20分後に来訪することは知っている。このような場合,Aはどのように対応すればよいか。次の中から**適当**と思われるものを一つ選びなさい。
1) 上司にメモで,W氏が来訪したので,応接室で待ってもらっていると知らせておく。

2) 上司にメモで，W氏が来訪したので待ってもらっているが，すぐに出られるかと尋ねる。
3) W氏に，これからは早く来るときは連絡してくれるように頼み，時間まで応接室で待ってもらう。
4) W氏を応接室へ案内し，上司は緊急の打ち合わせ中と話して時間まで待ってくれるように言う。
5) W氏に，上司は打ち合わせ中だが急な用件なので長引くかもしれない，どのようにするかと尋ねる。

(チェック欄) □ □ □

9 秘書Aは来客を取り次ぐときに，上司（部長）から，その来客の年格好や印象を聞かれたりすることがある。次はそのとき，Aが言っていることである。中から不適当と思われるものを一つ選びなさい。
1) 背が高い人の場合は，「上背のある方」と言っている。
2) 細身で背が低い人の場合は，「小柄な方」と言っている。
3) 謙虚な態度や話し方をする人の場合は，「腰の低い方」と言っている。
4) 上司と同じぐらいの年齢かもしれない人の場合は，「部長と同じご年配の方」と言っている。
5) どっしりとしていて社会的に自信のありそうな感じの人の場合は，「頭の高い方」と言っている。

(チェック欄) □ □ □

10 次は秘書Aが，上司（部長）の出張中に行ったことである。中から不適当と思われるものを一つ選びなさい。
1) 取引先の営業所長が転勤のあいさつに来訪したので，上司は出張中であると伝えて課長に取り次いだ。
2) 本部長が，今日中に部長に直接確認したいことがあるとのことだったので，宿泊先ホテルの電話番号を教えた。
3) 上司の友人と名乗る人が不意に訪れたので，上司の出社予定日を教え，その日に改めて来てもらいたいと言った。
4) 新聞社から新製品についての取材申し込みがあったので，希望の日時を尋ね，上司に確認してから返事をすると答えた。

5) 課員の家族が亡くなり通夜が今日だと連絡があったので，参列する人に届けてもらえるよう，前例に従って上司名の香典を用意した。

(チェック欄) □ □ □

11 次は，部長秘書Ａが受信したメールに対して返信した内容である。中から<u>不適当</u>と思われるものを一つ選びなさい。

1) 宛先は上司になっているが，内容は他部署の部長宛てと思われるメールに
「上司と他部署の部長を間違えて送ったのではないか，削除してよいか」
2) 部長会議の都合のよい日時を聞きたいというメールに
「上司は外出していて今日は戻らないので，明日確認してからメールする」
3) Ａの上司にメールを送ったが，見ていないようだという常務秘書に
「上司は出張している。自分宛てにそのメールを送ってもらえれば上司に取り次ぐ」
4) Ａの上司にメールで確認中のものが幾つかあるのだが返事がない，という課長に
「急ぐものは，写しを自分に送ってもらえれば，様子を見ながら上司に確認して返事する」
5) 今晩，Ａの上司と食事がしたいので都合を教えてもらいたいというＹ部長に
「仕事の予定は入っていないが，夜のことは自分にも分からないので，上司に直接メールしてもらえないか」

一般知識

(チェック欄) □ □ □

12 次は，用語とその意味（訳語）の組み合わせである。中から<u>不適当</u>と思われるものを一つ選びなさい。

1) コンディション ＝ 状態
2) オペレーション ＝ 操作
3) プロモーション ＝ 特長
4) インストラクション ＝ 指導
5) インフォメーション ＝ 情報

13 次の「　　」内の説明は下のどの用語の説明か。中から**適当**と思われるものを一つ選びなさい。

「不特定多数の出資者から資本を集められ，出資者は出資金だけの責任を負えばよい会社」

1) 合資会社
2) 株式会社
3) 合弁会社
4) 合同会社
5) 合名会社

14 次は，それぞれ関係ある用語の組み合わせである。中から**不適当**と思われるものを一つ選びなさい。

1) 金利　　　——　　確定申告
2) 給与　　　——　　源泉徴収
3) 材料費　　——　　原価計算
4) 所得税　　——　　年末調整
5) ギフト券　——　　有価証券

マナー・接遇

15 秘書Aの上司（部長）と打ち合わせをすることになっていた他部署のT部長が，20分ほど遅れてきた。上司には15分後に取引先との面談の予定が入っている。このような場合Aは，T部長にどのように言うのがよいか。次の中から**不適当**と思われるものを一つ選びなさい。

1)「次の予定が入っておりまして10分ほどしかお時間をお取りできないのですが，それでもよろしいでしょうか」と言う。
2)「次の予定が15分後に入っておりますがいかがなさいますか，よろしければ改めてお時間をお取りいたしましょうか」と言う。

3)「部長はお待ちですが,次の予定がございますので,ただ今都合を確認してまいります。少々お待ちくださいますか」と言う。
4)「あまりお時間がありませんので,お急ぎでしたらなるべく早くに別にお時間をお取りいたしますが,いかがでしょうか」と言う。
5)「すぐに部長のところにご案内いたしますが,15分後には別の予定が入っておりますので,そのつもりでお願いいたします」と言う。

(チェック欄)□□□

16 秘書Aの上司(斎藤部長)が外出中に,取引先のY氏が不意に訪れた。次は,そのときのAの応対の流れとその言葉である。中から言葉遣いが不適当と思われるものを一つ選びなさい。
1)「申し訳ございません。斎藤はあいにく外出いたしております」
2)「失礼でございますが,本日はお約束を頂いておりましたでしょうか」
〈Y氏は「約束はしていない」と言ったので〉
3)「代理の者ではいけませんでしょうか」
〈Y氏が,「斎藤さんでないと駄目だ」と言って,封筒を差し出し「渡してもらいたい」と言ったので〉
4)「かしこまりました。確かにお預かりいたします」
5)「何か,斎藤にお伝えしたいことはございますでしょうか」

(チェック欄)□□□

17 次は秘書Aの,上司(部長)に対する言葉遣いである。中から不適当と思われるものを一つ選びなさい。
1) L社には,どっちの書類を持っていくのかと言うとき
「L社には,どちらの書類をお持ちになりますか」
2) 支店には,常務と一緒の車で行くのかと言うとき
「支店には,常務とご一緒のお車でいらっしゃるのですか」
3) 資料のコピーは,誰に配ればよいかと言うとき
「資料のコピーは,どなたにお配りすればよろしいでしょうか」
4) さっき営業部長が来て,部長を捜していたと言うとき
「先ほど営業部長がお見えになられて,部長をお捜しでございました」

5) 上司が今言ったのは○○の件についてかと言うとき
「部長がただ今おっしゃいましたのは，○○の件についてでしょうか」

（チェック欄）□ □ □

18　秘書Aは新人Bから，3名の来客を応接室に案内したとき，下の図のどこの席に座ってもらうようにすればよいかと質問された。この場合AはBに，どの三つの席に座ってもらうように言うのがよいか。次の中から**適当**と思われるものを一つ選びなさい。

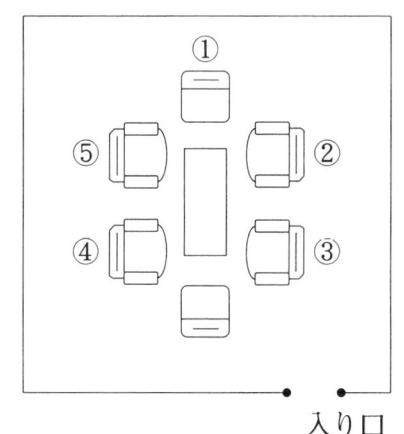

1) ①・⑤・④
2) ①・⑤・②
3) ①・②・③
4) ⑤・④・②
5) ⑤・②・③

（チェック欄）□ □ □

19　秘書Aは上司の湯飲み茶わんを洗っているとき，手を滑らせて割ってしまった。このような場合，Aは上司に謝った後どのように言えばよいか。中から**適当**と思われるものを一つ選びなさい。

1)「新しい物を買いに行きますが，今度は前の物と違う絵柄にしてみましょうか」
2)「今から買いに行きますが，簡単には割れない厚めの物にしてもよろしいでしょうか」
3)「湯飲み茶わんですので，ご自分のお好きな物を選んできていただけますでしょうか」
4)「今から買いに行きたいと思いますが，同じ物がなかったらいかがいたしましょうか」

5)「同じ物を探してまいりますので,数日お時間を頂くことになってもよろしいでしょうか」

20 秘書A(女性)は,上司が趣味で所属している絵画同好会の展示会の受付を担当してもらいたいと頼まれた。当日は休日で,社員の他に取引先も招待しているという。そこでAは,華やかな雰囲気を出そうとして化粧や服飾を次のようにした。中から不適当と思われるものを一つ選びなさい。

1) 洋服は,明るい色のワンピースにした。
2) 口紅は,洋服に合わせて明るい色にした。
3) 靴は,かかとのない動きやすいものにした。
4) マニキュアは,口紅と同系の明るい色にした。
5) アクセサリーは,華やかな雰囲気に合うものにした。

21 秘書Aは上司を訪ねてきた客から,近くの喫茶店にいて本を忘れてきた,取ってきてもらえないかと頼まれた。その客に,上司との面談を終えての帰りに本を渡すと,「手間をかけて申し訳なかった」と礼を言われた。このような場合Aは,礼を言われた後,どのように言うのがよいか。次の中から不適当と思われるものを一つ選びなさい。

1)「いいえ,大したことではありませんから」
2)「いいえ,当然のことをしたまででございます」
3)「いいえ,どうぞお気になさらないでくださいませ」
4)「いいえ,お困りのときは何なりとおっしゃってくださいませ」
5)「いいえ,すぐ近くのことですから,何でもないことでございます」

22 秘書Aは上司から,上司の友人の受章祝賀会の招待状を見せられ,花を贈りたいので手配をしてもらいたいと言われた。そこでAは上司に次のことを確認した。中から不適当と思われるものを一つ選びなさい。

1) 予算は幾らぐらいか。
2) 花屋の希望はあるか。

3) メッセージは添えるか。
4) 手配はいつするのがよいか。
5) 贈りたい花の種類に希望はあるか。

(チェック欄) □ □ □

23 次は秘書Aが上司から,「何か贈っておいてもらいたい」と指示されたときに行ったことである。中から<u>不適当</u>と思われるものを一つ選びなさい。
1) 社内のサッカー部の合宿に,差し入れとしてビール券を贈った。
2) 上司が出張で世話になった取引先に,皆で分けられる菓子を贈った。
3) 上司の部下の結婚祝いに,健康に気を付けるように健康食品を贈った。
4) 取引先の部長の入院見舞いに,好きな本が読めるように図書カードを贈った。
5) 上司の行きつけの飲食店の改装開店の祝いに,店内に飾れるようなランの花を贈った。

技　能

(チェック欄) □ □ □

24 秘書Aは上司の出張中に,上司の部屋の整備をすることにした。次は整備するに当たって,上司に言ったことである。中から<u>不適当</u>と思われるものを一つ選びなさい。
1) 壁にかけてある絵を,季節に合わせて昨年と同じ物に替えてもよいか。
2) 上司の机を少しずらせばじゅうたんの染みが隠れるので,動かしてもよいか。
3) 上司のロッカー内に不要の物があれば,分かるようにしておいてもらえないか。
4) 書棚を整理したいので,廃棄してよい古い雑誌を出してまとめておいてもらえないか。
5) 部屋の雰囲気を変えるため,観葉植物の種類を今と違う物にしようと思うが,よいか。

25 秘書Aは上司（営業部長）から，出張することになったので準備をしてもらいたいと言われた。次は，そのときAが上司に確認したことである。中から不適当と思われるものを一つ選びなさい。
1) 仮払いの金額
2) 出張先と同行者の有無
3) 出発の日にちと出張期間
4) 出張先での面談の回数と目的
5) 希望の交通機関と宿泊ホテル

26 次は秘書Aが，上司から取り寄せるように指示され，総務部へ取りに行った資料である。中から不適当と思われるものを一つ選びなさい。
1) 社内組織図
2) 取締役会の議事録
3) 市場調査の報告書
4) 前社長の社葬の記録
5) 事務用品の年間購入額

27 次は秘書Aが書いた日付である。中から不適当と思われるものを一つ選びなさい。
1) 年賀状に「令和〇年元旦」
2) 電話の伝言メモの記入日を「6／21」
3) 社内連絡文書の発信日を「令和〇年6月21日」
4) 新入社員歓迎会の案内状の発信日を「令〇.4.5」
5) 寒中見舞いの贈り物の添え状に「令和〇年寒中」

28 秘書Aは上司（営業部長）から，明後日の課長会議の開始時刻を変更したいので，課長たちに知らせてもらいたいと指示された。Aは，各課長にメールで知らせることにした。次はこのときAが行おうとしたことである。

中から不適当と思われるものを一つ選びなさい。
1) F課長は欠席と聞いていたが，そのことは分かっていると書き添えて一応送信しておこう。
2) E課長はメールをあまり見ない人だと聞いていたので，メールだけでなく電話でも知らせよう。
3) H課長は休暇を取っていて，明日から出社することになっているので明日送信することにしよう。
4) G課長は遅刻と聞いていたので，開始時刻が変更になるが間に合わないか，と書き添えて送信しよう。
5) K課長は今から上司と面談することになっているので，見えたら知らせようと思うが送信もしておこう。

29　次は秘書Aが，上司主催の社外から参加者がある会議の始まる直前に行ったことである。中から不適当と思われるものを一つ選びなさい。
1) 隣の席の同僚Cに，自分が席を外している間に欠席や遅刻の連絡はなかったか尋ねた。
2) 一緒にお茶を出すことになっている後輩Bに準備の状況を尋ね，茶わんの数を確認した。
3) 既に入室していて資料を読んでいるM氏に，M氏の会社からあった伝言を口頭で伝えた。
4) 会議室の入り口の所で，開始時刻ぎりぎりに来た人に，会議が始まるので急いで席に着くよう促した。
5) 上司からコピーして配布するようにと資料を渡されたので，会議の開始に間に合わなかった場合の配布方法を確認した。

30　次は，秘書Aが最近作成した文書である。中から，文書の最後に「以上」と書くのは不適当と思われるものを一つ選びなさい。
1) 自分が受けた研修の受講報告書
2) 取引先へ送るカタログの送付状
3) 上司が世話になった出張先への礼状

4）社外の人を招いて行った会議の議事録
5）上司の不在中に受けた電話の伝言メモ

31 秘書Aは上司から，商品券を送ってもらいたいと言われ，宛先の書かれたメモと商品券を渡された。この場合，どのような郵送方法がよいか。次の中から**適当**と思われるものを一つ選びなさい。
1) 速達
2) 一般書留
3) 現金書留
4) ゆうメール
5) 定形外郵便

記述問題　　　　　　　　マナー・接遇

32 秘書Aは上司（山田部長）から，「この書類を取引先のS部長に届けるように」と指示された。このような場合AはS部長に書類を渡すとき，自分を名乗ってからどのように言うのがよいか。適切な言葉を答えなさい。

33 次の言葉の下線部分を，来客に言う丁寧な言葉に直して答えなさい。
1)「ここで　少し　待ってくれないか」
　　　a　　b　　　c
2)「すみませんが　話すことは　できません」
　　　a　　　　　b　　　　c

記述問題　　　　　　　技　能

34 次の下線部分を，手紙用語に直して答えなさい。
1) まずは，<u>ひとまず</u>　用件のみお伝えいたします。
2) <u>略式ですが</u>　書中をもってごあいさつ申し上げます。
3) <u>最後になりますが</u>，貴社のますますのご発展をお祈り申し上げます。

35 早稲田商事（株）の秘書Aは上司から，取引先へ持っていく手土産（菓子）を買って，領収証をもらってくるようにと言われた。このような場合，Aはどのような領収証を受け取ることになるか。下の領収証の空欄①，②に記入されていなければいけないことを書きなさい。

```
              領　収　証         No. 1 2 3
                    ①      様
          ￥5,500,-
      但し  ②
       令和〇 年 6 月 21 日  上記正に領収いたしました
    内　訳                  豊島区高田 3 - 11 - 17
    税抜金額  5,000
    消費税額(10%) 500        和菓子水月堂　印
```

秘書検定 2級新クリアテスト

2012年 3月 1日	初版発行
2025年 1月 1日	第11刷発行

編　者　公益財団法人 実務技能検定協会 ©
発行者　笹森 哲夫
発行所　早稲田教育出版
　　　　〒169-0075　東京都新宿区高田馬場一丁目4番15号
　　　　株式会社早稲田ビジネスサービス
　　　　https://www.waseda.gr.jp/

落丁本・乱丁本はお取り替えいたします。
本書の無断複写は著作権法上での例外を除き禁じられています。購入者以外の第三者による本書のいかなる電子複製も一切認められておりません。

直前模擬試験 テスト1
解答＆解説編

06

SECRETARY

取りはずして使えます PULL UP

必要とされる資質

1 解答：4)

「解説」 N氏が折り返し電話がほしいと言ったのは1時間前なのだから，N氏は上司からの電話を1時間待っていることになる。上司が戻るまであと1時間あるのだから，秘書であるAとしては，すぐN氏に連絡しないといけない。そこで言うべきことは待たせたことのわびと，上司が連絡するのはいつごろになるかということになる。電話を受けたのが他部署のCであってもAが秘書なのだからCに頼むべきではない。

2 解答：4)

「解説」 悪口とはマイナス面を取り立てて言うことである。この場合は課長にとってだが，課長にはマイナスでも，他の人には関係がないことが多い。人から人へ伝わるのは興味本位のことが多いので，秘書としては，上司の悪口が広がらないようにするのが適切な対応となる。

3 解答：5)

「解説」 後輩秘書が来客とトラブルを起こした場合は，理由はどうであれ，まずわびる。また，不愉快にさせたBに，その来客の応対を続けさせるのではなく，Aが代わってとりなす方がよい対応となる。

4 解答：3)

「解説」 秘書が，上司と馬が合わないというのは，仕事をする上でつらいことである。しかし，上司の意向に沿った補佐をするのが秘書である。話し合いは上司の仕事を理解する上で役立つが，自分を理解してもらうために行うものではない。

5 解答：3)

「解説」 明日からの出張を控え，予定が詰まっている上司が，課長の書類に目を通す時間の都合をつけられるかどうかは，上司が判断することである。秘書が上司に都合をつけるよう指示することは，秘書として行き過ぎの言動で不適当である。

職務知識

6 解答：4)

「解説」 仕事には急ぐものとそうでないものがある。従って順を決めて処理するとすれば，急ぐものから順に処置するのがよいことになる。時間のかかるものから順に処理するというのは不適当である。

7 解答：2)

「解説」 秘書が新しい上司のことを知るということは，上司を補佐するために必要なことということになる。それには，前任の秘書や上司の部下にAが必要とすることを尋ねるのがよいことになる。同僚に何か知っていることはないかと尋ねるのは，知ろうとしている内容が違ってくるということであるので不適当となる。

8 解答：5)

「解説」 上司が信用していないM氏からの面会申し込みだとしても，断るように言われていないので，秘書の段階で断ってしまうのは行き過ぎである。

9 解答：1)

「解説」 レストランには上司が行くのだから，上司の名前で予約することになり，レストランとはAが連絡を取り合うのだから，Aの電話番号を伝えておくことになる。

・試験1週間前まで・・・①3回分（計100問程度）の問題を解き，解答・解説を読んで何が問われているかを知る。

10 解答：5)

「解説」 上司が役員をしている業界団体の会議であるから，秘書としては上司が出席できるように調整することになる。しかしこの場合，出席するかどうか決めるのは上司であり，調整をするのはそれからである。従って，Aが出席と通知して，それを報告するのは不適当となる。

―――――――― 一般知識 ――――――――

11 解答：2)

「解説」 「ナレッジ」とは知識，見識のことである。

12 解答：5)

「解説」 「クーリングオフ」とは，勧誘によって不本意に契約した分割払いや訪問販売商品などについて，契約後一定期間内であれば，無条件で解約できる制度。「インサイダー取引」とは企業内の人間が，公開されていない内部の情報を利用して株式の売買を行うことなのでお互い関係がない。

13 解答：3)

―――――――― マナー・接遇 ――――――――

14 解答：5)

「解説」
1) 遅れた理由は聞かない。
2) 学校名，卒業年次は聞かない。
3) 紹介状は見てはいけない。
4) 自分が上司の代わりにあいさつを受けるのは行き過ぎで，代理の者にあいさつしてもらうか，「ご丁寧にありがとうございます。お名刺をお預かりし，ごあいさつに見えたことを申し伝えます」という対応が適切である。

・1週間前まで・・・②5つの領域のうち「一般知識」を除き，苦手な領域＋不得意テーマを見つける。

15 解答：3)

「解説」 一般的に，あいさつが終わり着席して，一段落したときにお茶を出すのがタイミングとしてはよい。初対面の客の場合はあいさつや名刺交換などで時間がかかることはあるが，お茶を出すタイミングは通常と同じである。

16 解答：3)

「解説」 相手に合わせた応対とは，それぞれの相手の立場を理解した的確な応対ということである。そのためにはこちらから話しかけて，取り次ぎに必要なことを確認する必要がある。年配の方には先に話を切り出してもらうようにするなどは不適当ということである。

17 解答：4)

「解説」 意見の食い違いは，本来当事者同士の問題として解決していくべきものである。第三者に入ってもらい，どちらが正しいかをジャッジしてもらえば，どちらかに加担するという結果にもなりかねない。そのことがかえって人間関係を悪くすることもある。

18 解答：3)

「解説」 報告する内容が幾つかあるときは，急ぐものや重要なものから先に言うのがよい。

19 解答：5)

「解説」 相手が今後よくなるように励ましながら注意を促すことである。
1) その都度注意していたのでは細か過ぎるし，相手も身動きができなくなってしまう。また，来客の前で注意をしてはいけない。
2) 性格のことまでは言い過ぎであり，問題があったとしても，すぐ直せるようなことではない。
3) 上司に尋ねるようなことではない。
4) 上司から言われた言葉をそのまま伝えるのは，自分の役目を果た

・1週間前まで・・・③「クイックマスター」「集中講義」などの参考書で，その領域を復習する。

していない。また，自分もそう思っていたという，追い打ちをかけるようなことを言うのは慎むべきである。

20 解答：5)

「解説」 うわさとは，確かなことではないが言いふらされていることを言う。その言いふらされていることで注意をするのであれば，当人に本当かどうかを確かめてからすることになる。確かでなければ注意の対象にならないからである。うわさを知っている人に確かめても，当人に確かめたことにはならないので，何の役にも立たない。

21 解答：5)

「解説」 上司は断るようにとのことである。1)は断っていない。2)は相手の気持ちを考えていない。3)，4)は曖昧である。5)が相手の熱意を受けた言葉である。

22 解答：5)

「解説」「心ばかりのものですが」は贈り物をするとき，贈り物を謙遜(けんそん)して言う言葉である。弔事のときには使わない。

23 解答：4)

「解説」 社屋の新築はお祝い事なので「御祝」などがよい。「寄贈」は物品を相手に贈り与えることであるが，差し上げるという意味で「母校に桜の木を寄贈する」とか「本などを寄贈する」の場合に使う。

技　能

24　解答：4)

「解説」　取引先をこちらから招いての会議である。遅れてくる人がいたとしても、その人を会場に入れないということはあり得ない。従って上司に確認することはない。

25　解答：2)

「解説」　社内文書では、内容の重要性にかかわらず、受発信者名は職名だけでよい。

26　解答：2)

「解説」　「悔やみ状」は、死亡に際して取るものも取りあえずという急な事態に対して書くものなので、頭語や前文は省略して書くことになっている。

27　解答：1)

「解説」　DMは広告であるから、開封して上司が関心があるものだけを渡すのでよい。従って業種別などに分類する必要はない。しかし資料となるDMを保管する場合は、カタログ類と一緒でよい。

28　解答：2)

「解説」　創立記念の招待状は、格式を重んじた内容になっている。従って、送る方法もそれに準ずることになる。料金別納は、郵送の手間を簡略化するためのものである。従って、格式を重んじる郵便には不適当である。手間がかかっても、祝い用の切手を貼って送った方がよい。

29 解答：4）

「解説」 個別フォルダーを作成するほどのこともないときに，雑フォルダーを使用するので，フォルダーそのものに変わりはなく，入れられる書類の枚数に違いはない。一つのフォルダーに入れられる書類は，60枚から70枚ぐらいである。それ以上になれば，二つに分冊するのがよい。

30 解答：5）

「解説」 定例会とは，出席を予定しやすいように，開催日を決めてある会議などのことである。従って，メンバーは出席することが前提になっている場合が多いものだが，出席が確定されているわけではない。スケジュール上に空きがあるからといって，確認せずに出席とするのは不適当ということになる。

31 解答：3）

「解説」 このような場合，上司の机は部屋の出入り口からは見えない奥の方がよい。逆にいえば，上司からは部屋全体は見えないし，人の出入りも分からないようにするのがよいということである。

・あと2～3日・・・記述問題の弱いところ（たとえば伝言メモ，社内文書の記書き，返信はがきの書き方など）を復習。

記述問題　マナー・接遇

32　解答例

下図参照

1) 寿　秘書課一同（のし袋・結び切り）

2) 御祝　上田和子　山本明子（のし袋・蝶結び）

「解説」 1)「寿」は,「結婚御祝」,「祝御結婚」などでもよい。

33　解答例

1) a　こちらで　　b　ご覧　　c　いただけますか
2) a　申し訳ございませんが　　b　申し上げることは
　　c　できかねます

「解説」 1) bは,「お読み・お目通し」, cは「くださいませんか（くださいませんでしょうか）」などでもよい。

2) aは,「恐縮ですが」, cは「いたしかねます」などでもよい。

記述問題　　　　　　　　　　技　能

34 解答例

下図参照

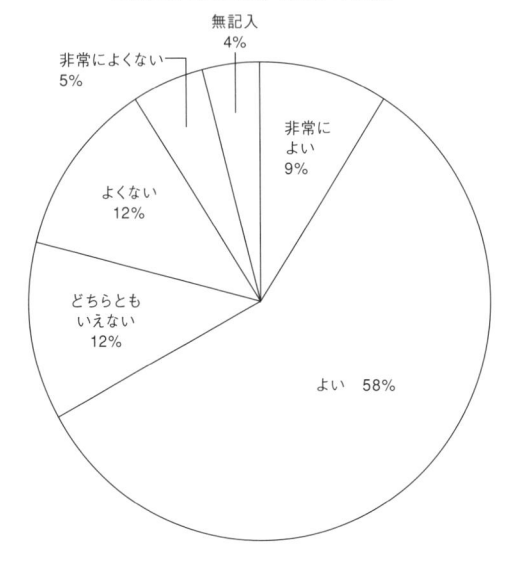

「解説」 円グラフの書き方は二通りある。
① 比率の大きなものから順に，時計回りに区切っていく方法。「その他」は数字の大小にかかわらず最後にする。
② 調査結果などで「非常によい」「よい」「どちらともいえない」「よくない」「非常によくない」
といった項目の場合は，比率に関係なくこの順に並べるとよい。この問題の場合は，②で書く。

D社社員の接遇調査（令和×年10月）
- 無記入 4%
- 非常によくない 5%
- よくない 12%
- どちらともいえない 12%
- よい 58%
- 非常によい 9%

35 解答例

1) ご芳名，ご尊名，（お名前），（ご氏名）
2) ご高見，貴見，（ご意見）
3) 貴社，御社
4) ご厚情，ご高配，ご厚志

・1時間前から5分前・・・「一般知識」や「マナー・接遇」「技能」の用語を眺めておく。

SECRETARY

07

本試験問題
テスト2
解答&解説編

◎設問ごとに難易度ランクを付けていますので,参考にしてください。
★の数が多いほど難しくなります。

必要とされる資質

1　解答：3）　　　　　　　　　　　　　　　　　難易度ランク ★★★★

「解説」　Aは二人の上司の秘書だから，二人の上司の仕事に差し支えがないようにしないといけない。この場合，どちらも急ぎでしないといけないことである。となると，間を縫って時間のかからないことを先にしてしまうというのが合理的な仕事の仕方で，適当ということである。

マナー・接遇

2　解答：4）　　　　　　　　　　　　　　　　　難易度ランク ★★★

「解説」　祝儀とは祝いの儀式のことで，格式が重んじられるものである。祝儀袋は，その儀式に対して差し出すものなのだから，省略という考え方はない。儀式のない祝いでも考え方は同じである。従って贈り主名が長くても，正しく書かないといけないということである。

必要とされる資質

3　解答：2）　　　　　　　　　　　　　　　　　難易度ランク ★★★

「解説」　部長は個人的な用事があるから戻りは4時ごろになると言っているのである。このような場合，個人的な用事のことは言わないようにして，本部長の目的を達するようにするのがAの仕事の仕方ということになる。従って，2）のような対応は不適当ということである。

4　解答：3）　　　　　　　　　　　　　　　　　難易度ランク ★★★

「解説」　上司がたまには社員食堂で昼食というのには，食事だけでない理由が考えられる。社員の食事の様子，食堂の雰囲気，メニューなど。上司の意向を確かめずに食堂の人に伝えることは，上司を特別に扱ってもらうことを言いに行くことになり気遣いにならないということである。

・試験が始まったら・・・①普通に解けば時間には余裕があるはず（1問約3分以上ある）。

5 解答：3) 難易度ランク ★

「解説」 臨時の会議なのだから，議題は何なのかを尋ねられるのは当然であろう。このときAは，知らされていないのなら知らされていないと言うか，必要なら聞いてくるというのが秘書としての対応になる。上司に尋ねてもらいたいというのは，秘書としての考え方になっていないということである。

6 解答：3) 難易度ランク ★★

「解説」 上司がパソコンの操作の練習をすると言ったのは，時間があるからである。従って不意の来客や電話などが入ったときに練習をやめるのは，当然のことである。外出中ということにしておこうかというのは，なぜ練習をしているかが考えられていない，不適当な対応ということである。

職務知識

7 解答：3) 難易度ランク ★★★

「解説」 秘書が新しい上司のことを知るというのは，上司を補佐するために必要なことということになる。それには，前任の秘書や上司の部下に，Aが必要とすることを尋ねるのがよいことになる。同僚に何か知っていることはないかという尋ね方は，知ろうとする内容が違ってくるということである。

8 解答：1) 難易度ランク ★★★

「解説」 W氏が約束の時刻より早く来たとしても，上司が応対できる状態にあれば普通は応対する。今日はそれはできないが，打ち合わせの都合でW氏の応対ができるか，時間通り待ってもらうかになる。ということで，上司にW氏が待っていると知らせておくのが適当ということである。

9 解答：5) 　　　　　　　　　　　　　　難易度ランク ★★★

「解説」 「頭が高い人」とは，本来頭を下げるところを下げない，威張った感じの人をいう。従って，どっしりとしていて社会的に自信のありそうな人のことをいう言い方ではないので，不適当ということである。このような人の場合は，「かっぷくがよい方」などと言うのがよい。

10 解答：3) 　　　　　　　　　　　　　　難易度ランク ★★★★★

「解説」 出社予定日を教えても，上司は友人だからといって会うとは限らない。また不意の来訪も，上司が在社していると見込んでのことであろうが，それでも会うかどうかは分からないことである。いずれにしても，会うかどうか分からないのに，日を教えて来てもらうのは不適当ということである。

11 解答：5) 　　　　　　　　　　　　　　難易度ランク ★★★

「解説」 上司の補佐が秘書の仕事である。夜のことであっても，Y部長が上司と食事をしたいというのは上司の仕事の延長上のことになる。都合が分からなければ調べて返事をするのが秘書の役割である。従って，上司に直接メールをしてくれるように言うのは不適当ということである。

一般知識

12 解答：3) 　　　　　　　　　　　　　　難易度ランク ★

「解説」 「プロモーション」とは，販売などの「促進」のことである。

13 解答：2) 　　　　　　　　　　　　　　難易度ランク ★★★

SECRETARY 07 本試験問題 テスト2 解答&解説 編

14 解答：1)　　　　　　　　　　　　　　　　　難易度ランク ★★★

「解説」「金利」とは，金を貸したり借りたときの利子のこと。「確定申告」とは，その年に納める所得税を，自分で計算して税務署に届け出ることである。従って関係がない。

マナー・接遇

15 解答：5)　　　　　　　　　　　　　　　　　難易度ランク ★★

「解説」　15分後に来客があるのに20分も遅れてきたのでは，打ち合わせの時間がない。この場合は部長同士のことでありAは秘書だから，打ち合わせの時間を別に作るか，時間がなくてもよいかの調整をするのがよいことになる。15分後の来客を承知でお願いしたいなどの言い方は，秘書として不適当ということである。

16 解答：5)　　　　　　　　　　　　　　　　　難易度ランク ★★★

「解説」「お伝えする」は，自分が伝えるときに使う言葉（謙譲語）である。この場合は来客に，伝えることはないかと言うのだから，「～お伝えになりたいこと（ご伝言）はありませんでしょうか」などが適切な言い方になる。

17 解答：4)　　　　　　　　　　　　　　　　　難易度ランク ★★★

「解説」「おみえになられる」は，「おみえになる」に，さらに「れる」を付けた二重敬語である。適切な言い方は「～おみえになって」のようになる。

18 解答：4)　　　　　　　　　　　　　　　　　難易度ランク ★★★

「解説」　この応接室で来客に座ってもらう上座の順は，一番奥の⑤，次が④で，順に②③になる。また，来客2名で対面に応対者が座る場合は⑤④が上座になる。この場合は来客3名なので，⑤④②に座ってもらい，応対者が③に座ることになる。なお，①は補助椅子なので，奥であっても来客用にはしない。

・試験が始まったら・・・④その際，マークの「行」をずらさないためにとりあえず塗りつぶしておく。

| 19 | 解答：4) | 難易度ランク ★★ |

「解説」　湯飲み茶わんは，いつもそばに置いて使っているものなのですぐに買いにいく必要がある。また，私物の湯飲み茶わんは趣味性の強いものだから同じものがよいが，なかなかそうはいかないことが多い。従って，同じものがない場合にはどうするかを尋ねるのが適当ということである。

| 20 | 解答：3) | 難易度ランク ★★★★ |

「解説」　受付を担当するのだから，動きやすい靴にするのはよいとしても，かかとのない靴は普段用であり，華やかな雰囲気に反することになるので不適当というこである。

| 21 | 解答：2) | 難易度ランク ★★★★ |

「解説」　当然のことをしたのだから，本来は礼を言われることではない。だからといって，礼を言われたとき，当然のことをしたまでというのは，愛想がなさ過ぎで不適当ということである。大したことではないなどのように，謙虚に応ずるのが，礼を言われたときの受け方ということである。

| 22 | 解答：4) | 難易度ランク ★★★ |

「解説」　上司から手配をしてもらいたいと指示されているのだから，祝賀会当日に花が会場に届いているように，いつ手配してもよいことになる。他に確認することと一緒に，いつ手配するのかと確認することはないということである。

23 解答：3) 難易度ランク ★★★

「解説」 上司が部下に贈る結婚祝いは，一般的には現金である。このケースのように秘書Aが間に入れば，当人の希望を聞いて物品を贈ることもあるが，そのような場合は，実用的なものであっても記念品的な性格のものになる。食品は記念品というわけにはいかないので不適当ということである。

技　能

24 解答：4) 難易度ランク ★★★

「解説」 書棚の整理では，雑誌などは廃棄するものが出てくる。このような場合秘書Aとしては，上司に，廃棄してよいものがあれば分かるようにしてもらいたいと言うのが適切な言い方である。上司にまとめて出しておいてもらいたいでは，上司に整理するように言っていることになるということである。

25 解答：4) 難易度ランク ★★

「解説」 上司が出張先でする面談は，上司が仕事として行うことである。その上司の仕事の面談の回数や目的を，Aが確認しても意味がないしAには関係のないことである。従って，このようなことを確認するのは不適当ということである。

26 解答：3) 難易度ランク ★★

「解説」 市場調査とは，新規事業や新企画が可能かどうかの市場性の調査だから，その報告書は通常は関係部署である企画部などに取りに行かないといけない。

| 27 | 解答：5) 　　　　　　　　　　　　　　　　　　難易度ランク ★★★★

「解説」　添え状に書く日付は，その添え状（手紙）を書いた年月日である。寒中見舞いの寒中は，見舞いを寒い期間にするということで，手紙の年月日とは関係がないので不適当ということである。

| 28 | 解答：3) 　　　　　　　　　　　　　　　　　　難易度ランク ★★

「解説」　メールは送信しておいても，送信相手がいつ読むのかは分からないものである。従って，知らせる必要のあるときに送信しておけばよいということである。明日から出社することになっているからと，明日送信するのは不適当ということである。

| 29 | 解答：4) 　　　　　　　　　　　　　　　　　　難易度ランク ★★★★

「解説」　会議の参加者が，遅れてきても開始時刻ぎりぎりにきても，それは参加者の都合によるものでAには関係のないことである。従って，入り口の所にいたからといって，会議が始まるので急いで席に着くようになどと言うのは，言える立場でもなく不適当ということである。

| 30 | 解答：3) 　　　　　　　　　　　　　　　　　　難易度ランク ★

「解説」　「以上」は，ビジネス文書で連絡や報告，説明はここまでで終わりということを示す言葉である。社交文書には，そのような事務的な意味はないので書かない。礼状は社交文書なので，「以上」を書くのは不適当ということである。

| 31 | 解答：2) 　　　　　　　　　　　　　　　　　　難易度ランク ★★★

「解説」　商品券は，金銭同様に使えるものだが現金ではないので現金書留にはできない。しかし，紛失があった場合には補償の対象になるような重要なものだから，「一般書留」にするのが適切ということである。

マナー・接遇

記述問題

32 解答例　　　　　　　　　　　　　　　　　　難易度ランク ★★★

「解説」　山田から，こちらの書類をＳ部長様にお渡しするように申し付かってまいりました。どうぞよろしくお願いいたします。

33 解答例　　　　　　　　　　　　　　　　　　難易度ランク ★★

「解説」
1) 　a　こちらで
　　　b　少々
　　　c　お待ちくださいませんか
2) 　a　申し訳ございませんが
　　　b　お話しすることは
　　　c　いたしかねます

技　能

記述問題

34 解答例　　　　　　　　　　　　　　　　　　難易度ランク ★★★★★

「解説」
1) 取り急ぎ・取りあえず
2) 略儀ながら
3) 末筆ながら

35 解答例　　　　　　　　　　　　　　　　　　難易度ランク ★★

「解説」
①　早稲田商事株式会社
②　菓子代として

秘書検定 2 級新クリアテスト
解答・解説編

2012 年 3 月 1 日　初版発行
2025 年 1 月 1 日　第 11 刷発行

編　者　公益財団法人 実務技能検定協会 ©
発行者　笹森 哲夫
発行所　早稲田教育出版
　　　　〒169-0075　東京都新宿区高田馬場一丁目4番15号
　　　　株式会社早稲田ビジネスサービス
　　　　https://www.waseda.gr.jp/

落丁本・乱丁本はお取り替えいたします。
本書の無断複写は著作権法上での例外を除き禁じられています。購入者以外
の第三者による本書のいかなる電子複製も一切認められておりません。